Utilize este código QR para se cadastrar de forma mais rápida:

Ou, se preferir, entre em:
www.moderna.com.br/ac/app
e siga as instruções para ter acesso aos conteúdos exclusivos do **Portal.**

CÓDIGO DE ACESSO:
A 00025 BLDHIAL1E U 20733

Faça apenas um cadastro. Ele será válido para:

Da semente ao livro, sustentabilidade por todo o caminho

Plantar florestas
A madeira que serve de matéria-prima para nosso papel vem de plantio renovável, ou seja, não é fruto de desmatamento. Essa prática gera milhares de empregos para agricultores e ajuda a recuperar áreas ambientais degradadas.

Fabricar papel e imprimir livros
Toda a cadeia produtiva do papel, desde a produção de celulose até a encadernação do livro, é certificada, cumprindo padrões internacionais de processamento sustentável e boas práticas ambientais.

Criar conteúdos
Os profissionais envolvidos na elaboração de nossas soluções educacionais buscam uma educação para a vida pautada por curadoria editorial, diversidade de olhares e responsabilidade socioambiental.

Construir projetos de vida
Oferecer uma solução educacional Moderna é um ato de comprometimento com o futuro das novas gerações, possibilitando uma relação de parceria entre escolas e famílias na missão de educar!

Taciro Comunicação, Alexandre Santana e Estúdio Pingado

Apoio:
www.twosides.org.br

Fotografe o Código QR e conheça melhor esse caminho.
Saiba mais em *moderna.com.br/sustentavel*

Instituto Antônio Houaiss de Lexicografia

DIRETORIA
† ANTÔNIO HOUAISS
MAURO DE SALLES VILLAR
† FRANCISCO MANOEL DE MELLO FRANCO

Dicionário Ilustrado Houaiss de Alfabetização

São Paulo, 2016

© Instituto Antônio Houaiss de Lexicografia, 2016

Instituto Antônio Houaiss de Lexicografia
Equipe editorial

Diretor de projeto
Mauro de Salles Villar
Coordenação editorial e administrativa
João Rodrigo de Mello Franco
Rodrigo Otávio Coelho Villar
Coordenação redatorial
Sílvia Oliveira da Rosa

Texto de base
Rita de Cassia Marinho Bueno de Abreu (coord.)
Cláudia Maria de Souza Amorim
Laura do Carmo
Suzana d'Ávila, Vera Lucia Coelho Villar
Revisão do texto de base
Laura do Carmo
Rita de Cassia Godoy Guimarães
Assistência editorial
Flávia de Mattos Magano Borba
Lucy Fátima Lopes de Carvalho

Editora Moderna

Coordenação editorial
Marisa Martins Sanchez
Edição de texto
Cecilia Bassarani
Marisa Martins Sanchez
Gerência de *design* e produção gráfica
Sandra Botelho de Carvalho Homma
Coordenação de produção
Everson de Paula
Suporte administrativo editorial
Maria de Lourdes Rodrigues (coord.)
Coordenação de design e projetos visuais
Marta Cerqueira Leite
Projeto gráfico e capa
Patricia Malizia
Ilustrações de capa
Claudia Souza
Fabiana Faiallo
Tel Coelho
Coordenação de arte
Rodrigo Carraro
Edição de arte
Carolina de Oliveira
Editoração eletrônica
Telma Torres Blaiotta

Ilustrações
Artur Fujita
Claudia Souza
Fabiana Faiallo
Farrel
Marcos de Mello
Nelson Cosetino
Tel Coelho
Cartografia
Fernando José Ferreira
Coordenação de revisão
Elaine C. del Nero
Revisão
Lilian Kumai
Solange Martins
Willians Calazans
Coordenação de *bureau*
Américo Jesus
Pré-impressão
Alexandre Petreca
Everton L. de Oliveira
Hélio P. de Souza Filho
Marcio H. Kamoto, Vitória Sousa
Coordenação de produção industrial
Viviane Pavani
Impressão e acabamento
HRosa Gráfica e Editora
Lote
796869
Cod
12103538

Dados Internacionais de Catalogação na Publicação (CIP)
(Câmara Brasileira do Livro, SP, Brasil)

Brincando de ler : dicionário ilustrado Houaiss de alfabetização / Instituto Antônio Houaiss de Lexicografia, [organizador] ; [diretores Antônio Houaiss, Mauro de Salles Villar, Francisco Manoel de Mello Franco]. – São Paulo : Moderna, 2016.

1. Alfabetização 2. Dicionários ilustrados – Literatura infantojuvenil 3. Português – Dicionários I. Instituto Antônio Houaiss de Lexicografia. II. Houaiss, Antônio. III. Villar, Mauro de Salles. IV. Franco, Francisco Manoel de Mello.

16-03047   CDD-469.3

Índices para catálogo sistemático:
1. Português : Dicionários   469.3

ISBN 978-85-16-10353-8

Reprodução proibida. Art. 184 do Código Penal e Lei 9.610 de 19 de fevereiro de 1998.
Todos os direitos reservados
EDITORA MODERNA LTDA.
Rua Padre Adelino, 758 - Belenzinho
São Paulo - SP - Brasil - CEP 03303-904
Vendas e Atendimento: Tel. (0_ _11) 2602-5510
Fax (0_ _11) 2790-1501
www.moderna.com.br
2024
Impresso no Brasil

1 3 5 7 9 10 8 6 4 2

Sumário

Falando aos professores e pais	IV
Falando às crianças	VIII
Como usar o dicionário	IX
A a Z	1
Páginas temáticas	163
Corpo humano	164
Roupas e acessórios	166
Animais	168
Dinossauros	174
Sala de aula	176
Brinquedos e brincadeiras	178
Supermercado	180
Circo	182
Situações de localização espacial	183
Atividades do dia	184
Formas geométricas e cores	185
Numerais, acentos e sinais de pontuação	186
Dias, meses e ano	187
Adjetivos pátrios	188
Estados e regiões do Brasil	189

Falando aos professores e pais

Este dicionário de 1.000 verbetes é dirigido a alunos de 6 anos, ou seja, àqueles em seus primeiros níveis de aprendizagem de leitura e escrita. Tal como em nossos dicionários anteriores destinados a essa faixa etária, as palavras que definimos foram escolhidas entre as de maior frequência de uso na linguagem infantil, mas acrescentamos outras, menos familiares a eles, na certeza de que é preciso ampliar constantemente seus conhecimentos e interesses.

O vocabulário

A escolha dos vocábulos pretendeu cobrir o universo de experiências de vida da criança, o que inclui, por exemplo, brincadeiras e brinquedos, família, alimentos, objetos, escola, animais, sensações e sentimentos, relações básicas de tempo e alguns números. As palavras dos nossos verbetes foram colhidas em seus livros de estudo e em outros, como revistas em quadrinhos e livros de histórias infantis. Levamos também em conta nesta seleção o aconselhamento de professores do ensino fundamental de instituições nacionais de qualidade reconhecida. Não deixamos de cruzar a nossa nominata (lista de palavras do dicionário) com outras levantadas por especialistas em países estrangeiros, feitas com crianças dessas mesmas idades, considerando trabalhos sobre leitura infantil tanto em seu vocabulário falado como escrito. Disso resultou uma lista de cerca de 3.000 palavras, dentre as quais selecionamos 1.000.

Evitaram-se as entradas com palavras de outras línguas, exceto algumas corriqueiras no Brasil, como *show* e *short*, e de poucas outras iniciadas por K, W e Y, cujos vocábulos escolhidos não são desconhecidos das crianças.

As definições

Procuramos usar nas nossas definições palavras que fizessem parte das entradas do dicionário, mas tal intento, na totalidade do livro, é obviamente impossível de se conseguir pela escassez de vocabulário numa recolha de apenas mil entradas. Estima-se que as crianças dessa idade conheçam e usem um vocabulário cerca de cinco vezes maior que isso, razão pela qual se sugere que este livro seja utilizado por elas com a ajuda de professores e pais como guias, especialmente nos primeiros meses de uso. Certamente logo adiante elas conseguirão fazê-lo sozinhas, com prazer e rapidez.

As nossas definições usam raciocínios e estruturas de pensamento infantil e desenvolvem-se em frases próximas ou adaptadas de diálogos de crianças desse grupo etário. Evitaram-se a linguagem e as convenções mais abstratas empregadas nas obras destinadas a leitores de mais idade, que já tenham dominado os modelos de praxe dos dicionários para adultos. Daí o porquê de usar nas definições, por exemplo, o recurso de repetir a palavra da entrada e defini-la numa frase como se usa fazer ao explicar a uma criança o que *quer dizer* determinada palavra, o que é certa coisa, ou como é ela *usada*, para que *serve*, como *funciona*.

A informação visual

A ilustração do dicionário seguiu o padrão de maior aceitação infantil, com desenhos de cores vivas e traços alegres, comunicativos, que estimulam as crianças a "entrar" no livro. O dicionário tem 440 ilustrações, utilizadas para dar vida às páginas de texto, computando nesse total as imagens dos verbetes e das páginas finais.

Visando a ampliação do universo de palavras sobre o que trata o dicionário, utilizamos o recurso, comum a obras similares por todo o mundo, de incluir páginas de ilustrações coletivas no final do volume. Estas reúnem imagens, ligando-as a vocábulos não definidos no corpo do dicionário. Há páginas inteiras e até duplas de ilustrações com animais (inclusive dinossauros), brinquedos e brincadeiras, atividades do dia, frutas e legumes, roupas e acessórios, partes do corpo humano, a vista de um supermercado, uma sala de aula, um circo, relações de localização e formas geométricas coloridas. Há, ainda, quadros com os sinais de pontuação, os acentos usados na escrita, numerais cardinais e ordinais, um mapa de estados e regiões do Brasil seguido por seus adjetivos pátrios e também quadros com os meses do ano, os dias da semana, a contagem do tempo, as partes do dia e as relações de tempo (ontem, hoje, amanhã).

A associação de palavras com ilustrações permite à criança aumentar o seu vocabulário de maneira pronta e eficaz. Folhear este livro também vai possibilitar que as crianças entendam as redes de significação que interligam grupos temáticos de palavras.

Dados gramaticais

1 Este dicionário indica a divisão silábica das palavras que são entradas de verbetes. A sua sílaba tônica é marcada com letras mais escuras:

nervoso (ner.**vo**.so)

2 Indica também o plural das palavras terminadas em *-ão* e em *-l*:

coração (co.ra.**ção**) plural: corações

papel (pa.**pel**) plural: papéis

3 Os exemplos de uso dos verbos são feitos não raro com eles flexionados, tal como a criança se acostuma a usar e a ouvi-los na língua. Com isso, ela passa a identificar e absorver essa característica do português escrito:

engolir (en.go.**lir**)
Você **engole** um alimento ou uma bebida quando eles passam pela sua garganta.

4 As definições muitas vezes incluem sinônimos com a fórmula "é o mesmo que" e também antônimos e outras oposições de sentidos, com a fórmula "o contrário de... é":

cão plural: cães
Cão é o mesmo que cachorro.
Dizem que o cão é o melhor amigo do homem.

mau

1 Quando alguém é **mau**, faz coisas ruins para os outros.
O menino era muito mau; batia sempre no cachorrinho.

2 Quando dizemos que alguma coisa tem **mau** cheiro, quer dizer que ela tem cheiro ruim.
Está saindo um mau cheiro daquele banheiro.

▶ Não confundir **mau** com **mal**.
▶ O contrário de **mau** é bom.

5 No caso de palavras de grafia parecida (parônimos), como no exemplo acima (**mau** e **mal**), o dicionário chama a atenção para que elas não sejam confundidas.

Os personagens do livro

As palavras do dicionário são apresentadas e esclarecidas aos seus pequenos leitores por alguns personagens infantis: Ana, Akira, Cauã, Edu, Maria e Raquel. Todos irão aparecer nas ilustrações e nas frases de exemplo que os ajudam a captar o sentido ou os sentidos que cada palavra tem. Tal recurso foi utilizado para que as crianças se identifiquem com esses personagens. Passando a reconhecê-los, sentirão o dicionário como um livro de histórias ilustrado ou mesmo como algo semelhante a uma revista em quadrinhos, que é o objetivo desse expediente.

Os guias da viagem

O domínio do emprego de um dicionário é experiência de valor fundamental para os jovens alunos. Vai abrir-lhes as portas da utilização das obras de referência, o que lhes será uma necessidade e uma exigência por toda a vida. Um dicionário como este é uma fonte de ideias e uma base para o aprendizado da soletração. Exatamente por isso é tão importante o auxílio de um professor ou um familiar nos primeiros passos do manuseio de dicionários de cunho inicial como este.

É básico que um adulto apresente o livro à criança, que leia com ela, que a ensine a usar a obra para tirar dúvidas, que estimule a criança a percorrer as suas páginas para ver ilustrações, e, divertindo-se, possa explorar tudo o que este dicionário oferece. As frases de exemplo dos verbetes podem ser usadas como início de histórias a serem desenvolvidas na sala de aula e em casa. O mesmo quanto às ilustrações apresentadas no fim do livro.

Nessa idade, o uso que as crianças encontram para os dicionários ilustrados é diferente daquele que mais tarde farão com os outros que vão possuir pela vida. No começo, precisam associar palavras e frases conhecidas com imagens de objetos, ações e sentimentos, e isso de forma divertida, como fonte de prazer.

Precisam reconhecer o que são as palavras e adquirir o conhecimento da ordem alfabética, a fim de encontrarem no dicionário o que procuram. As crianças irão aprender a reconhecer o som inicial das palavras que as faz serem ordenadas alfabeticamente nos dicionários. Serão apresentadas também a casos de remissão às ilustrações do final do livro, o que lhes será mais um conhecimento novo.

No que respeita aos dados técnicos de impressão, a fonte utilizada nesta obra foi a Depot. Os verbetes estão impressos com corpo 18 nos cabeços, 15,5 nas entradas de verbetes, 12,5 no texto e 12,5 nos acréscimos com dados gramaticais.

Falando às crianças

Vai ser muito divertido conhecer este livro. Ele está cheio de desenhos legais e palavras que você vai aprender a ler e a escrever brincando, e assim fazer descobertas muito interessantes que o acompanharão por toda a vida!

As letras nos dicionários aparecem sempre numa mesma ordem. Essa ordem é a do abecedário ou alfabeto. Com ela você encontra a palavra que procura no lugar certinho em que ela fica no livro.

O alfabeto da nossa língua tem 26 letras. A primeira é A e a última é Z. Essas letras podem ser escritas em tamanho pequeno e se chamam *minúsculas*:

a b c d e f g h i j k l m n o p q r s t u v w x y z

ou em tamanho grande e se chamam *maiúsculas*:

A B C D E F G H I J K L M N O P Q R S T U V W X Y Z

A ordem dessas duas fileiras de letras é a mesma. As pessoas inventaram essa ordem para as letras há muito tempo e todo mundo a usa.

As letras maiúsculas servem para escrevermos a primeira letra dos nomes das pessoas e dos lugares. Por exemplo, **P**edro, **A**na, **P**ernambuco, **B**rasil. Servem também para começarmos as frases, quando escrevemos. Você pode ver que todas as frases usadas aqui começam com letra maiúscula.

As letras minúsculas são usadas em todos os outros casos, como também você pode ver aqui.

As margens das páginas deste dicionário têm sempre uma lista com o alfabeto, para ajudar você a se lembrar dele e a encontrar as palavras que procura.

Aprender o alfabeto não é difícil, mas algumas letras têm mais de um som quando estão nas palavras. Por exemplo, a letra **x** pode ter o som de um **z**, como na palavra *exame*. Ou de **ch**, como em *xixi*. Ou soar como **s** na palavra *máximo*. Ou até como **cs**, por exemplo, na palavra *sexo*.

A letra **g** pode ter também mais de um som. Antes de **a**, **o** e **u** ela soa como em *garoto*, *gota* e *guloso*. Mas antes de **e** e **i** tem um som diferente, como nas palavras *gelo* e *gigante*. Junto com **u**, **gue** e **gui** podem soar como em *foguete* e *preguiça*, ou esse **u** ter som, como em *linguiça*.

São coisas assim que você vai aprender e lembrar para toda a vida. Depois de saber, fica tudo mais fácil. E você vai aprender bem rápido.

Por enquanto, o importante é guardar na cabeça a ordem das letras do alfabeto. Quando você procura uma palavra num dicionário, o A vem sempre em primeiro lugar, depois o B, o C e assim por diante. Assim, todas as palavras que começam por A ficam juntas e vêm antes de todas as palavras que começam por B e assim por diante. Mas as palavras têm várias outras letras além da primeira, e, para ficarem arrumadas nos dicionários, também usamos a ordem do alfabeto. Então, pont**a** vem antes de pont**e** no dicionário. O motivo é que **a** vem antes de **e** no alfabeto. Acontece o mesmo com ca**c**ique, ca**dei**ra e ca**der**no, enfileiradas uma atrás da outra por causa disso.

Você já percebeu o que é um dicionário? Dicionário é um livro que tem muitas palavras em ordem alfabética, seguidas do que elas querem dizer.

As palavras se dividem em sílabas, e o dicionário mostra isso a você: caderno (ca.**der**.no).

Neste livro, a sílaba mais forte vem com uma cor mais escura. Veja outro exemplo: abraço (a.**bra**.ço).

Você vai gostar muito das ilustrações que pusemos no fim do livro. Um mundo de coisas está ali em lindos desenhos coloridos. Esses desenhos ajudam a guardar como se escreve cada palavra e vão divertir você como se fosse um livro de histórias ilustrado. Você vai aprender um monte de coisas novas brincando.

Como usar o dicionário

Aprendendo a encontrar uma palavra

Imagine que você quer encontrar a palavra **homem**. Com que letra ela começa? Ela começa com a letra **h**. Você pode achar a letra **h** de duas maneiras:

1 Olhe para a linha do alfabeto que fica na lateral da página. Ela ajuda você a lembrar a ordem alfabética. A letra com cor em volta mostra que todas as palavras desta página começam com **h**.

2 Olhe também a palavra-guia no alto de cada página. Ela é a primeira palavra desta página. Aqui, a primeira palavra é **história**. Veja se esta palavra começa com a mesma letra de **homem**.

Depois de encontrar a página que você procurava, olhe as palavras em letras coloridas. Cada uma delas é uma entrada. As entradas vêm em ordem alfabética. Procure agora a palavra **homem**.

Agora leia a definição que está abaixo dela.

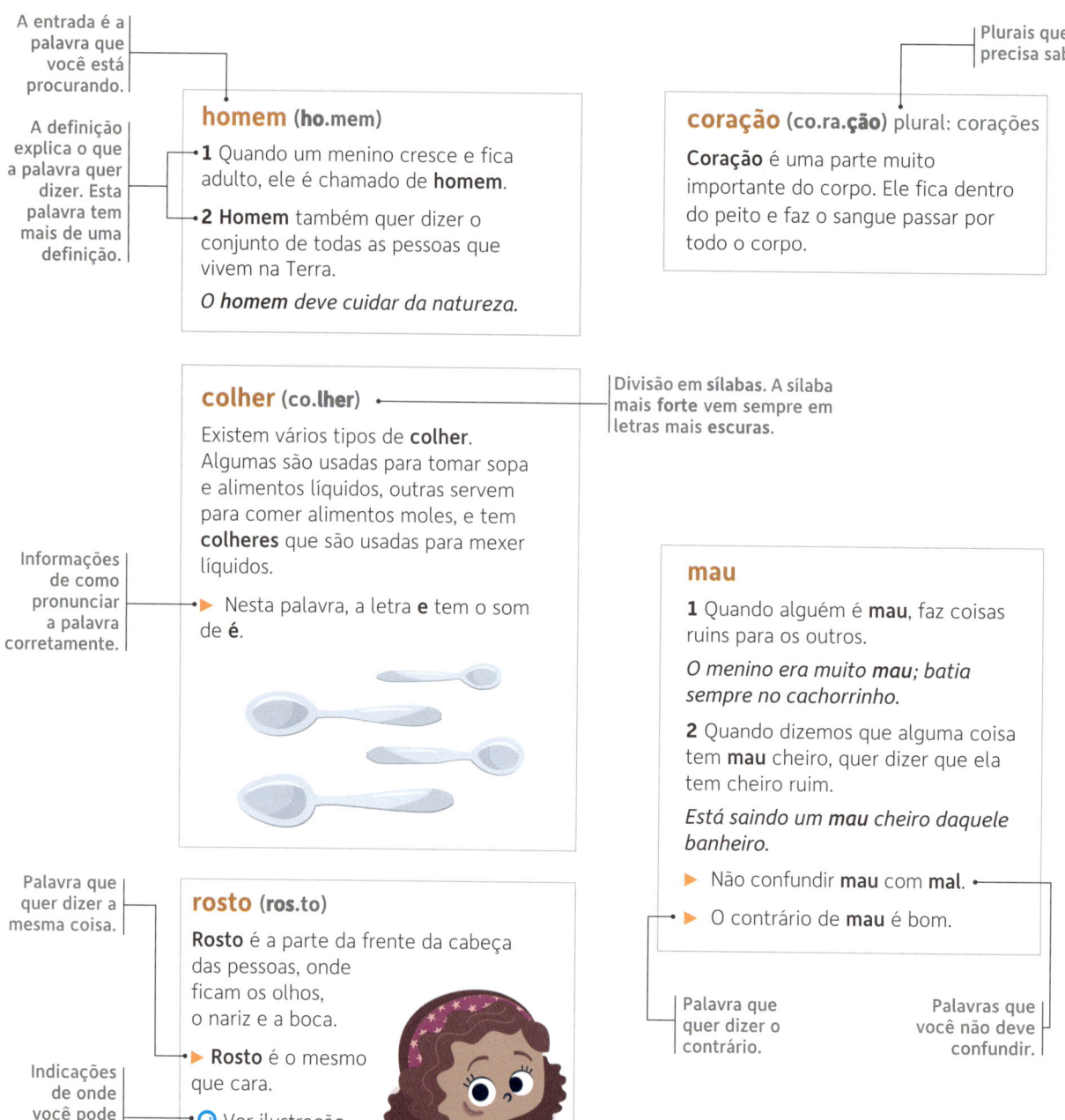

A entrada é a palavra que você está procurando.

A definição explica o que a palavra quer dizer. Esta palavra tem mais de uma definição.

homem (**ho**.mem)

1 Quando um menino cresce e fica adulto, ele é chamado de **homem**.

2 Homem também quer dizer o conjunto de todas as pessoas que vivem na Terra.

*O **homem** deve cuidar da natureza.*

Plurais que você precisa saber.

coração (co.ra.**ção**) plural: corações

Coração é uma parte muito importante do corpo. Ele fica dentro do peito e faz o sangue passar por todo o corpo.

colher (co.**lher**)

Existem vários tipos de **colher**. Algumas são usadas para tomar sopa e alimentos líquidos, outras servem para comer alimentos moles, e tem **colheres** que são usadas para mexer líquidos.

▶ Nesta palavra, a letra **e** tem o som de **é**.

Divisão em **sílabas**. A sílaba mais **forte** vem sempre em letras mais **escuras**.

Informações de como pronunciar a palavra corretamente.

mau

1 Quando alguém é **mau**, faz coisas ruins para os outros.

*O menino era muito **mau**; batia sempre no cachorrinho.*

2 Quando dizemos que alguma coisa tem **mau** cheiro, quer dizer que ela tem cheiro ruim.

*Está saindo um **mau** cheiro daquele banheiro.*

▶ Não confundir **mau** com **mal**.

▶ O contrário de **mau** é bom.

Palavra que quer dizer a mesma coisa.

rosto (**ros**.to)

Rosto é a parte da frente da cabeça das pessoas, onde ficam os olhos, o nariz e a boca.

▶ **Rosto** é o mesmo que cara.

🔍 Ver ilustração na página 164.

Indicações de onde você pode encontrar mais informações.

Palavra que quer dizer o contrário.

Palavras que você não deve confundir.

Veja também as páginas temáticas no final do dicionário

Nestas páginas você vai encontrar muitas ilustrações: dinossauros e outros animais, o corpo humano, roupas, um circo, formas geométricas e cores, um mapa do Brasil e muito mais. Encontrará também quadros com os dias da semana e meses do ano, adjetivos pátrios, sinais de pontuação, acentos usados na escrita, numerais, contagem do tempo, partes do dia e relações de tempo.

X

Aa

abandonar (a.ban.do.nar)

1 Você **abandona** uma coisa quando a deixa em um lugar e depois não a pega de volta.

*A professora pediu aos alunos que não **abandonassem** os brinquedos no pátio.*

2 Você **abandona** um lugar quando vai embora dele.

3 Abandonar uma pessoa é não ficar mais com ela.

*Maria **abandonou** as amigas e foi brincar sozinha.*

aberto (a.**ber**.to)

1 Uma coisa está **aberta** quando a gente pode entrar nela ou ver o que está dentro dela.

*O cachorro aproveitou que a porta estava **aberta** e entrou na cozinha.*

*Akira deixou a gaveta **aberta** para seu irmão escolher uma camiseta.*

2 Quando os seus braços estão esticados e bem longe um do outro, eles estão **abertos**.

aborrecer (a.bor.re.**cer**)

Quando uma coisa ou uma pessoa nos **aborrece**, nós ficamos zangados ou chateados.

*Tem gente que se **aborrece** por qualquer coisinha.*

abraçar (a.bra.çar)

Para **abraçar** uma pessoa, a gente põe nossos braços em volta dela. Também **abraçamos** as coisas para segurá-las. Quando você aperta alguém ou alguma coisa com os braços, está dando um abraço.

*O menino **abraçou** sua mãe com carinho.*

abrir (a.brir)

1 Você **abre** uma janela ou uma porta quando deixa uma passagem para pessoas ou coisas entrarem.

*De manhã, vovó sempre **abre** as janelas do quarto para o sol entrar.*

2 Você **abre** alguma coisa quando retira o que a está cobrindo ou fechando.

*Minha prima **abriu** o pacote de biscoitos e me deu um.*

3 Abrir também é começar a funcionar.

*A escola **abre** às sete horas.*
Abriram um restaurante na esquina da minha rua.

▶ O contrário de **abrir** é fechar.

açaí (a.ça.í)

Açaí é uma frutinha roxa que dá em cachos, na Amazônia. Ele pode ser batido com ou sem açúcar.

Açaí com guaraná é muito gostoso!

acampamento (a.cam.pa.**men**.to)

Acampamento é um conjunto de barracas onde as pessoas moram ou ficam por um tempo.

*Os alunos foram para o **acampamento** bem cedinho.*

aceitar (a.cei.tar)

Aceitar é ficar com alguma coisa que deram para você.

*Titia ofereceu um sorvete e eu **aceitei**.*

acender (a.cen.der)

1 Você **acende** uma coisa quando coloca fogo nela.

O moço acendeu a fogueira.

2 A gente também pode **acender** a luz, a lanterna e outros aparelhos elétricos girando ou apertando um botão.

acidente (a.ci.den.te)

1 **Acidente** é uma coisa que acontece sem você querer.

Derrubei o suco em você, mas foi um acidente.

2 Os **acidentes** muitas vezes deixam as pessoas machucadas.

O motorista sofreu um acidente de carro porque ultrapassou o sinal vermelho.

acontecer (a.con.te.cer)

Uma coisa **acontece** quando ela se realiza.

Todo ano acontece um campeonato de vôlei na minha escola.

acordar (a.cor.dar)

Quando você para de dormir, você **acorda**.

acreditar (a.cre.di.tar)

1 **Acreditar** é achar que é de verdade.

Raquel acredita em assombração.

2 Você **acredita** em uma pessoa quando confia nela.

Eu acredito que você fez a lição, não precisa me mostrar o caderno.

3 **Acreditar** também é pensar que uma coisa pode acontecer.

Maria acredita que todos vão à sua festa.

açúcar (a.çú.car)

O **açúcar** é usado para deixar as comidas e bebidas doces. Ele vem da cana-de-açúcar.

adivinhar (a.di.vi.nhar)

Adivinhar é quando você não sabe nada sobre alguma coisa e está certo sobre o que imaginou sobre ela.

Akira adivinhou que a professora ia contar a história de Pedro e o lobo.

adoecer

adoecer (a.do.e.cer)
Adoecer é ficar doente.

adolescente (a.do.les.cen.te)
Adolescente é uma pessoa que não é mais criança, mas ainda não é adulta. Os adolescentes têm entre 12 e 18 anos.

adulto (a.dul.to)
Uma pessoa é **adulta** quando já cresceu e é totalmente responsável pelo que faz.

*Os **adultos** devem cuidar das crianças.*

aeroporto (a.e.ro.por.to)
Aeroporto é o lugar onde os aviões chegam e de onde eles saem.

agradecer

afastar (a.fas.tar)
Quando você **afasta** duas coisas, você coloca uma longe da outra.

*A professora **afastou** as carteiras para ficar com mais espaço na sala.*

agarrar (a.gar.rar)
Agarrar é segurar com muita força.

*A mulher **agarrou** o braço do filho para ele não cair.*

agasalho (a.ga.sa.lho)
As pessoas vestem um **agasalho** para se proteger do frio.

agora (a.go.ra)
Agora quer dizer neste momento. Quando você fala que uma coisa aconteceu **agora**, quer dizer que ela aconteceu enquanto você falava ou logo depois.

*Você está lendo este dicionário **agora**.*
*Eu vou dormir **agora**.*

agradecer (a.gra.de.cer)
Se uma pessoa ajuda você ou lhe dá alguma coisa, você **agradece** a ela dizendo "muito obrigado" (menino) ou "muito obrigada" (menina).

água

água (á.gua)

Água é um líquido sem cor e sem cheiro. Quando chove, ela cai das nuvens e forma os rios, os lagos e os mares.

agulha (a.gu.lha)

Agulha é um pedaço de metal, bem fininho, pequeno, com uma ponta que fura. Existe **agulha** para costurar e para dar injeção.

ajudar (a.ju.dar)

Quando você **ajuda** uma pessoa, faz alguma coisa boa para ela.

A mãe ajudou o filho a fazer a lição.

alça

álbum (ál.bum)

Álbum é um tipo de livro com espaços em branco para guardar ou colar fotografias, selos e outros tipos de figuras.

alça (al.ça)

1 Alça é a parte que a gente usa para segurar ou carregar uma coisa.

Ganhei uma mochila azul com alças verdes.
A alça da minha caneca quebrou.

2 Alça é a tira que passa por cima dos ombros para segurar a roupa no corpo de uma pessoa.

Ana foi à festa com um vestido de alças.

alegre (a.le.gre)

Uma pessoa **alegre** sorri muito e se sente feliz.

▶ O contrário de **alegre** é triste.

alfabeto (al.fa.be.to)

Alfabeto é o conjunto das letras que a gente usa para escrever as palavras. Ele é formado por 26 letras.

alfinete (al.fi.ne.te)

Alfinete é um pedaço pequeno e fino de metal com uma ponta que fura. Ele é usado para prender ou marcar as partes de um pano que vai ser costurado.

alho (a.lho)

Alho é um vegetal de gosto e cheiro fortes que é usado como tempero.

alimento (a.li.men.to)

Alimento é o que a gente come e bebe.

*O **alimento** do bebê é o leite materno.*

almoço (al.mo.ço)

Almoço é a refeição que a gente faz no meio do dia.

almofada (al.mo.fa.da)

A **almofada** parece um travesseiro e serve para a gente se encostar, se sentar ou mesmo só para enfeitar.

alto (al.to)

1 Uma coisa **alta** é comprida para cima. As coisas ou as pessoas **altas** são maiores do que as baixas.

Jorge era o garoto mais alto da turma.

2 Um som **alto** é ouvido bem longe, porque é forte. Se você falar **alto**, as pessoas vão ouvir o que você diz.

▶ O contrário de **alto** é baixo.

altura

altura (al.tu.ra)
Altura é o tamanho de alguma coisa medida de baixo até em cima.
Qual é a altura deste guarda-roupa?

aluno (a.lu.no)
Aluno é uma pessoa que vai à escola para estudar ou que tem um professor particular.

amanhã (a.ma.nhã)
Amanhã é o dia que vai acontecer depois de hoje.
Hoje é sábado, amanhã será domingo?

🔍 Ver quadro na página 187.

amargo (a.mar.go)
Uma comida ou bebida é **amarga** porque não tem gosto doce.
O café sem açúcar é amargo.

amor

amarrar (a.mar.rar)
Amarrar é prender alguma coisa com laço ou nó de um jeito difícil de soltar.
Já sei amarrar o tênis sozinho.

amigo (a.mi.go)
Amigo é uma pessoa de quem gostamos muito e que nos ajuda quando precisamos.

amor (a.mor)
Quando você gosta muito de uma pessoa, você sente **amor** por ela.

anão (a.não) plural: anões

Anão é uma pessoa muito baixa mesmo quando já é adulta.

andar (an.dar)

1 Andar é se mover, colocando um pé na frente do outro. A gente **anda** mais devagar do que corre.

A menina perdeu o ônibus e teve de ir para a escola andando.

2 Um prédio tem vários **andares**, um em cima do outro. Em cada **andar** há salas ou apartamentos. Para ir de um **andar** para outro, é preciso usar a escada ou o elevador.

Moramos no terceiro andar.

anel (a.nel) plural: anéis

1 Anel é um círculo, vazio no meio, que se usa no dedo para enfeitar a mão.

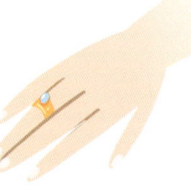

2 Qualquer coisa com esse formato é também um **anel**. Por exemplo, uma corrente é formada de **anéis**.

animado (a.ni.ma.do)

Uma festa **animada** é uma festa alegre, com música e brincadeiras.

animal (a.ni.mal) plural: animais

Animal é qualquer ser vivo que não é planta. Pássaros, insetos, peixes, cachorros, vacas e pessoas são **animais**.

🔍 Ver ilustração na página 168.

aniversário (a.ni.ver.sá.rio)

1 O seu **aniversário** é o dia em que você completa mais um ano de vida. Ele acontece todo ano no mesmo mês e dia em que você nasceu.

Edu vai ficar mais velho. Ele faz aniversário no dia 4 de setembro.

2 Aniversário é também uma festa que se faz para comemorar esse dia.

Convidei todo mundo da classe para o meu aniversário.

antes (an.tes)

1 O que acontece **antes** acontece primeiro.

O Akira saiu antes de mim da escola porque foi ao médico.

2 Antes é também uma palavra que se usa para falar do que aconteceu num tempo que já passou.

Antes eu não sabia usar garfo e faca, agora eu sei.

▶ O contrário de **antes** é depois.

antigo (an.ti.go)

Uma coisa **antiga** é muito velha ou aconteceu há muito tempo.

Meu avô tem um relógio antigo de parede.

Vou contar uma história muito antiga.

▶ O contrário de **antigo** é novo.

apagar (a.pa.gar)

1 Apagar é acabar com o fogo ou desligar a luz.

O vento apagou a vela.

Quem vai apagar a luz da sala?

2 Apagar também é fazer sumir.

A professora escreveu na lousa e depois apagou tudo.

apanhar (a.pa.nhar)

1 Quando você **apanha** uma coisa, você segura essa coisa.

As crianças apanharam frutas na árvore e comeram.

2 Quando você **apanha** chuva, fica molhado.

Nós apanhamos muita chuva na viagem e ficamos doentes.

apartamento (a.par.ta.men.to)

Apartamento é uma casa no andar de um prédio.

apelido (a.pe.li.do)

Apelido é um nome carinhoso que inventam para uma pessoa, diferente do nome dela de verdade.

Pelé é apelido. O nome dele de verdade é Edson.

apontador (a.pon.ta.dor)

Quando a ponta do lápis quebra ou fica muito grossa, usamos o **apontador** para deixar a ponta mais fina e pronta para escrevermos ou desenharmos.

apontar (a.pon.tar)

1 Apontar um lápis é fazer sua ponta ficar fina e boa para escrever ou desenhar.

2 Se você **aponta** para uma coisa, você estica o dedo na direção em que ela está.

A mãe da Maria disse que não se deve apontar para as pessoas.

aprender (a.pren.der)

Quando você **aprende** uma coisa, fica sabendo uma coisa nova.

Nós estamos aprendendo a separar sílabas.

aquário (a.quá.rio)

Aquário é uma caixa de vidro cheia de água, onde as pessoas criam peixes.

ar

O **ar** é invisível e está em volta de tudo. As pessoas precisam de **ar** para respirar e viver.

aranha (a.ra.nha)

Aranha é um animal pequeno, com oito patas. Ela constrói teias para prender os insetos que vai comer.

arco (ar.co)

1 Arco é uma linha curva, com o formato da letra C virada para baixo.

2 Arco também é um pedaço de madeira curvado, usado para atirar flechas.

arco-íris (ar.co.í.ris)

O **arco-íris** pode ser visto no céu, apenas às vezes, quando o sol aparece durante ou após uma chuva. Ele é composto de sete faixas coloridas.

arder (ar.der)

Quando você toma muito sol sem proteção, a sua pele **arde** como se estivesse queimando.

areia (a.rei.a)

A **areia** é formada por pedaços muito pequenininhos de pedras e conchas. As praias, o fundo dos rios e os desertos têm **areia**.

armário (ar.má.rio)

Armário é um móvel com portas usado para guardar coisas.

arrancar (ar.ran.car)

Arrancar é tirar alguma coisa de seu lugar usando força.

O vento arrancou a árvore do chão.

arranhar (ar.ra.nhar)

1 Quando você cai e machuca a pele, você se **arranha**.

2 Se o gato passar as unhas no sofá, ele vai **arranhar** o sofá.

arrepender-se (ar.re.pen.der-se)

Quando você **se arrepende** do que fez, você pensa que não foi bom ter feito aquilo.

Edu se arrependeu de não ter estudado.

arrumar (ar.ru.mar)

1 Arrumar é colocar as coisas no lugar certo.

Os meninos arrumaram o quarto direitinho.

2 Arrumar é também consertar alguma coisa.

Vou pedir para o meu pai arrumar minha bicicleta.

arte (ar.te)

1 Quando as pessoas pintam, dançam, cantam, desenham para os outros admirarem seu trabalho, elas estão fazendo **arte**.

2 Também chamamos de **arte** brincadeiras de criança travessa.

árvore (ár.vo.re)

Árvore é uma planta que tem tronco e galhos cheios de folhas. As **árvores** podem crescer muito para os lados. Algumas dão frutas.

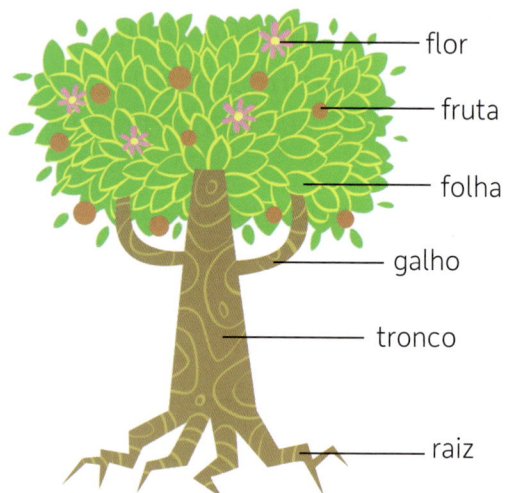

- flor
- fruta
- folha
- galho
- tronco
- raiz

asa (a.sa)

1 A maioria das aves, alguns insetos e os morcegos movem suas **asas** para voar.

2 Um avião também tem **asas**, mas elas não se mexem para ele voar.

3 Também se chama **asa** a parte por onde seguramos uma xícara.

assistir (as.sis.tir)

Assistir é ficar vendo por algum tempo uma coisa que nos mostram, como um filme, uma peça ou um jogo.

assobio ou assovio (as.so.bi.o/as.so.vi.o)

Assobio é um som alto que você faz com a boca quando sopra o ar com os lábios apertados.

assustar (as.sus.tar)

Uma pessoa se **assusta** quando uma coisa acontece de surpresa e ela fica com medo.

O monstro do filme assustou a minha irmã.

atenção (a.ten.ção) plural: atenções

Quando você vê e escuta uma coisa com cuidado, você está prestando **atenção** nessa coisa.

atividade (a.ti.vi.da.de)

Atividade é tudo o que a gente faz. Existem muitos tipos de **atividades**, como estudar, praticar esporte, comer e brincar.

A escola sempre organiza atividades durante as férias.

atleta (a.tle.ta)
Atletas são pessoas que praticam esporte. Os **atletas** treinam muito e sempre participam de competições.

atrapalhar (a.tra.pa.lhar)
1 Você **atrapalha** uma pessoa quando não deixa que ela faça uma coisa direito.

A Janaína ficou cantando e atrapalhou meu estudo.

2 Quando você se **atrapalha**, fica nervoso e faz confusão.

A Ana se atrapalhou na hora da prova.

atrás (a.trás)
1 Atrás quer dizer depois.

Os outros meninos vêm aí atrás.

2 Se você está **atrás** de alguém, é porque uma pessoa está na sua frente.

O Cauã ficou atrás do amigo na fila que a professora organizou.

🔍 Ver ilustração na página 183.

atrasado (a.tra.sa.do)
1 Você está **atrasado** quando chega a algum lugar depois da hora combinada.

2 Quando um relógio está **atrasado**, a hora que ele marca já passou.

atravessar (a.tra.ves.sar)
1 Se você **atravessa** a rua, você passa de um lado para o outro dela.

2 Se uma coisa **atravessa** outra, ela fura essa coisa.

O prego atravessou meu sapato e eu me machuquei.

aula (au.la)
Na **aula**, os alunos aprendem coisas novas e importantes que o professor explica.

aumentar (au.men.tar)
Se uma coisa **aumenta**, ela fica maior no tamanho, na força ou na quantidade.

É melhor a gente sair logo, porque a chuva está aumentando.

A fila aumentou hoje de manhã.

ave (a.ve)

Todo bicho que tem penas, bota ovos e tem bico é uma **ave**.

🔍 Ver ilustração na página 168.

aventura (a.ven.tu.ra)

Aventura é uma coisa emocionante e mais ou menos perigosa que acontece com a gente.

avião (a.vi.ão) plural: aviões

Avião é um veículo que voa e carrega pessoas ou coisas. O **avião** tem um motor e duas asas que não se mexem.

avó (a.vó)

A mãe do seu pai é sua **avó**. A mãe da sua mãe também é sua **avó**. O marido da sua **avó** é seu avô. A gente pode chamar a **avó** de vovó.

avô (a.vô)

O pai do seu pai é seu **avô**. O pai da sua mãe também é seu **avô**. A mulher do seu **avô** é a sua avó. A gente pode chamar o **avô** de vovô.

azedo (a.ze.do)

Uma coisa **azeda** tem o gosto parecido com o do limão.

Bb

baba (ba.ba)
Baba é a saliva que escorre da boca.

babá (ba.bá)
Babá é a pessoa que ajuda os pais a cuidar de seus filhos.

bagagem (ba.ga.gem)
Bagagem são as coisas que a gente leva em uma viagem.

bagunça (ba.gun.ça)
Um lugar está uma **bagunça** quando as coisas não estão arrumadas.

Depois da festa, a casa ficou uma bagunça.

bairro (bair.ro)
Uma cidade é dividida em vários **bairros**, e os **bairros** são formados por ruas, avenidas e praças.

baixo

baixo (bai.xo)

1 Uma pessoa ou uma coisa **baixa** tem pouca altura.

2 Quando você fala **baixo**, quase não se ouve o que você diz. Um som **baixo** é difícil de ouvir porque é fraco.

▶ O contrário de **baixo** é alto.

bala (ba.la)

Bala é um docinho que pode ser duro ou meio macio, que a gente coloca inteiro na boca e chupa até acabar.

balança (ba.lan.ça)

Balança é um aparelho que se usa para saber o peso das coisas.

balançar (ba.lan.çar)

Balançar é se mover ou mover alguma coisa de um lado para o outro.

Maria vai sempre ao parque para brincar de balançar.

As folhas da árvore balançavam com o vento.

banco

balanço (ba.lan.ço)

Balanço é um banquinho sem pernas que fica pendurado em um suporte. A gente senta nele e balança para frente e para trás.

balde (bal.de)

Balde é um tipo de vaso fundo, com uma alça em cima, muito usado para carregar líquidos e areia.

banco (ban.co)

1 Banco é um móvel que as pessoas usam para sentar. Em geral os **bancos** não têm braços nem lugar para apoiar as costas.

Os bancos da praça foram pintados de verde.

2 Também se chama **banco** o lugar onde as pessoas guardam dinheiro, pagam contas e podem pedir dinheiro emprestado, se precisarem.

bandeira   barco

bandeira (ban.dei.ra)

Bandeira é um pedaço de pano de uma ou mais cores e, às vezes, com desenhos. Os países, os estados, os times e os clubes têm, cada um, a sua **bandeira**.

banheira (ba.nhei.ra)

Banheira é um tipo de bacia grande que se enche de água para tomar banho. Ela costuma ser comprida e funda.

banheiro (ba.nhei.ro)

Banheiro é o lugar onde ficam o vaso sanitário, a pia e o chuveiro.

banho (ba.nho)

1 Quando você toma **banho**, você lava o corpo com água e sabão.

2 Tomar **banho** também pode ser nadar ou brincar na água de uma piscina, do mar ou de um rio.

3 Tomar **banho** de sol é ficar em pé ou deitado à luz do sol.

barato (ba.ra.to)

Quando uma coisa é **barata**, gastamos pouco dinheiro para comprá-la.

▶ O contrário de **barato** é caro.

barba (bar.ba)

Barba são os pelos que crescem no rosto dos homens.

barco (bar.co)

Barco é um veículo usado para andar por cima da água.

barraca

barraca (bar.ra.ca)

1 Barraca é um tipo de casa de lona ou de plástico que as pessoas carregam dobrada e depois armam em acampamentos.

2 Nas feiras, as pessoas vendem as coisas em **barracas**.

3 Barraca é também um guarda-sol muito grande, usado em praias e piscinas.

barro (bar.ro)

Barro é terra misturada com água. Vasos, potes e enfeites podem ser feitos de **barro** cozido no fogo.

barulho (ba.ru.lho)

Barulho é um ruído que incomoda a gente.

A geladeira está fazendo muito barulho.

beijo

basquete ou basquetebol (bas.que.te/bas.que.te.bol)

Basquete é um esporte em que os jogadores tentam colocar uma bola dentro de uma cesta alta para fazer pontos. Ganha o jogo o time que fizer mais pontos.

bebê (be.bê)

Quando as pessoas nascem, são **bebês**. Os **bebês** usam fraldas e mamam.

▶ **Bebê** é o mesmo que neném.

beber (be.ber)

Beber é colocar um líquido na boca e engolir.

O gato bebe leite.

beijo (bei.jo)

Quando você dá um **beijo**, você faz bico e encosta de leve os lábios em outra pessoa, para cumprimentar ou para fazer um carinho.

Na hora de dormir, a Maria sempre ganha um beijo dos pais.

beleza

beleza (be.le.za)

1 Quando você admira a **beleza** de uma flor ou de uma pessoa, você está percebendo o que existe de bonito nela.

2 Uma coisa está uma **beleza** quando está muito boa.

Este show está uma beleza!

bem

1 Quando você faz uma coisa **bem**, você faz de um jeito muito bom ou do jeito certo.

Um time joga bem quando já treinou muito.

Mamãe sabe dirigir seu carro muito bem.

2 Uma pessoa está **bem** quando não está doente nem machucada. Se ela estiver calma e alegre, ela também está **bem**.

Eu caí, mas estou bem, não fique nervoso.

Edu está triste, mas depois vai ficar bem.

3 Bem também quer dizer muito.

Cauã sabe pular bem alto.

▶ Em 1 e 2, o contrário de **bem** é mal.

bicho (bi.cho)

Bicho é o mesmo que animal. Cachorros, insetos, pássaros, sapos e bois, por exemplo, são **bichos**.

Maria queria muito um bichinho e ganhou de seus pais um cachorro.

bico

bicicleta (bi.ci.cle.ta)

A **bicicleta** tem duas rodas, um banquinho, um guidão para apoiar as mãos e dois pedais para colocar os pés. Ela é um brinquedo e também um meio de transporte. Se uma pessoa quer andar de **bicicleta**, ela senta no banquinho e empurra os pedais, levando a **bicicleta** para onde quiser.

quidão
pedal

bico (bi.co)

1 Bico é a boca das aves.

2 Bico é também a parte pontuda de alguma coisa.

O bico desta bota é muito fino.

biscoito (bis.coi.to)

Biscoito é um alimento feito de massa meio durinha. Ele pode ser salgado ou doce e ter vários formatos. A gente costuma comer **biscoito** no lanche.

bobo (bo.bo)

1 Uma pessoa **boba** não entende nada direito e é meio distraída.

2 Uma pessoa **boba** também vive dizendo bobagens.

3 Uma coisa **boba** não é importante.
Vi um filme bobo no cinema e não gostei.

bola (bo.la)

1 Qualquer coisa redonda é uma **bola**.
A Terra lembra a forma de uma bola.

2 A **bola** é usada em vários esportes e pode ser jogada com os pés ou com as mãos.

3 Jogar **bola** é jogar futebol.

4 Se você dá **bola** para uma pessoa, você escuta o que ela fala.
Eu avisei que o gato fugiu, mas ninguém deu bola.

bolo (bo.lo)

Bolo é um alimento bem fofinho, cozido no forno, feito com farinha, ovos, açúcar e manteiga. Há **bolos** de frutas, de chocolate, de milho.
Nos bolos de aniversário, as pessoas põem velas para a gente assoprar.

bolsa (bol.sa)

Bolsa é um tipo de saco com alça, que costuma ser feito de pano, de couro ou de plástico. Numa **bolsa** você pode carregar dinheiro e outras coisas pequenas.

bom

bom

1 Quem é **bom** ajuda as pessoas e cuida delas.
*Vovô é muito **bom**, sempre ajuda os outros.*

2 Uma coisa é **boa** quando nós gostamos dela. O que é **bom** nos deixa felizes.
*Jogar bola é muito **bom**.*
*Doce de coco também é **bom**.*

3 Quando você é **bom** em alguma coisa, você faz essa coisa muito bem.
*Cauã é **bom** na natação.*

4 Se você estava doente e não está mais, você ficou **bom**.

▸ O contrário de **bom** é mau.

bombom (bom.bom)

Bombom é um doce pequeno quase sempre feito com chocolate. Muitas vezes os **bombons** vêm com outras coisas gostosas dentro deles.

boné (bo.né)

Boné é um tipo de chapéu pequeno, geralmente feito de pano, com uma parte mais dura na frente, que protege o rosto do sol.

boneca (bo.ne.ca)

Boneca é um brinquedo que parece com um bebê ou com um adulto.

bonito (bo.ni.to)

1 Se alguma coisa é muito boa de se ver ou de se ouvir, ela é **bonita**.
*Minha mãe é muito **bonita**.*

2 Quando você faz uma coisa muito boa ou de um jeito certo, as pessoas dizem que o que você fez é **bonito**.
*Foi muito **bonito** você ter arrumado o seu quarto ontem.*

▸ O contrário de **bonito** é feio.

borracha (bor.ra.cha)

1 A **borracha** é feita com um líquido branco retirado de uma árvore chamada seringueira. Os pneus dos carros e algumas solas de sapatos são feitos de **borracha**.

2 Borracha também é o que usamos para apagar o que escrevemos ou desenhamos com lápis no papel.

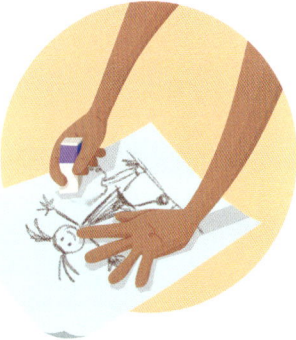

botão (bo.tão) plural: botões

1 O **botão** serve para fechar as roupas. Você faz isso quando enfia o **botão** para dentro de uma abertura chamada casa. Camisas, blusas e calças têm **botões**.

2 A florzinha, quando nasce ou quando ainda não se abriu completamente, se chama **botão** também.

No aniversário da minha mãe, papai deu a ela botões de rosa.

braço (bra.ço)

1 Braço é a parte do nosso corpo que começa no ombro e termina na mão.

🔍 Ver ilustração na página 164.

2 Nos sofás e cadeiras, a parte onde a gente apoia os **braços** também se chama **braço**.

branco (bran.co)

1 Branco é a cor do algodão, do leite e da neve.

🔍 Ver ilustração na página 185.

2 As pessoas de pele clara são chamadas de **brancas**. Os **brancos**, os negros e os índios formaram o povo brasileiro.

brasileiro (bra.si.lei.ro)

1 Quem nasce no Brasil é **brasileiro**.

2 Uma coisa **brasileira** é uma coisa do Brasil.

Algumas pessoas só gostam de música brasileira.

bravo (bra.vo)

1 Quando você fica **bravo**, você está muito zangado.

Meu pai ficou bravo comigo porque me atrasei para a aula.

2 Um animal **bravo** é perigoso e pode nos atacar.

O vizinho tem um cachorro muito bravo.

briga

briga (bri.ga)
Uma **briga** acontece quando as pessoas estão zangadas e gritam umas com as outras. Às vezes, as pessoas até se machucam numa **briga**.

brilhar (bri.lhar)
1 Brilhar é produzir luz.
O sol brilha no céu durante o dia.

2 Quando os raios de luz batem numa coisa e voltam, como num espelho, isso também é **brilhar**.
O carro do meu pai brilha depois de limpo.

brincadeira (brin.ca.dei.ra)
Quando você corre com os amigos ou joga bola, ou se diverte com brinquedos, está fazendo uma **brincadeira**.

🔍 Ver ilustração na página 178.

bumbum

brincar (brin.car)
Quando você faz alguma coisa para se divertir, você está **brincando**.

brinco (brin.co)
Brinco é um enfeite que você usa na orelha.

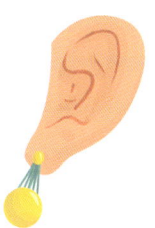

brinquedo (brin.que.do)
Brinquedos são coisas que a gente usa para se divertir. Crianças e animais gostam de **brinquedos**. Bonecas, bolas, carrinhos são **brinquedos**.

🔍 Ver ilustração na página 178.

bruxa (bru.xa)
Bruxa é uma mulher que, nas histórias, sabe fazer mágicas e geralmente é feia e malvada.

▶ **Bruxa** é o mesmo que feiticeira.

bumbum (bum.bum)
Bumbum é a parte do nosso corpo que fica logo abaixo das costas. É sobre ele que a gente senta.

A mamãe passou um creme no bumbum da minha irmãzinha.

▶ **Bumbum** é o mesmo que bunda e nádegas.

🔍 Ver ilustração na página 164.

23

buraco

buraco (bu.ra.co)

Buraco é um espaço vazio ou uma abertura em algum lugar.

*Vamos cavar um **buraco** para plantar o coqueiro.*

*A minha meia estava com um **buraco** bem grande.*

burro

burro (bur.ro)

Burro é um animal parecido com um cavalo, só que menor e com as orelhas mais compridas. O **burro** é muito usado para levar cargas pesadas.

C c

cabeça (ca.**be**.ça)

Cabeça é a parte do nosso corpo que fica em cima do pescoço. Nela ficam os olhos, o nariz, as orelhas, a boca e os cabelos.

🔍 Ver ilustração na página 164.

cachoeira (ca.cho.**ei**.ra)

Cachoeira é um rio que corre rápido e cai com força num lugar mais baixo.

cachorro (ca.**chor**.ro)

Cachorro é um animal de quatro patas que late. Muita gente cria **cachorros** como bicho de estimação ou para proteger a casa, para caçar e outras coisas.

▶ Cachorro é o mesmo que cão.

cacique (ca.**ci**.que)

Cacique é o chefe dos índios de uma tribo.

cadeira calmo

cadeira (ca.dei.ra)

Cadeira é um móvel usado para se sentar. Numa **cadeira** cabe apenas uma pessoa.

caderno (ca.der.no)

Caderno é um monte de folhas de papel presas por um dos lados e cobertas por uma capa. A gente pode usar o **caderno** para escrever ou desenhar.

cair (ca.ir)

Quando uma pessoa escorrega e perde o equilíbrio, quase sempre ela **cai**. As coisas também **caem** quando estão no alto e vêm ao chão. A chuva **cai** das nuvens, as folhas **caem** das árvores.

caixa (cai.xa)

1 As **caixas** têm muitas formas e servem para guardar ou carregar coisas. Podem ser grandes, pequenas e podem ter ou não ter tampa.

A Raquel guardou seus brinquedos na caixa.

2 Quando alguém vai ao banco, entra na fila para chegar à **caixa**, que é o lugar onde fica quem atende as pessoas.

3 Nas lojas, a **caixa** é o lugar onde pagamos as coisas que compramos.

A Ana ficou muito tempo na fila da caixa.

🔍 Ver ilustração na página 180.

calçada (cal.ça.da)

Calçada é aquela parte mais alta que fica de cada lado da rua. É o lugar que as pessoas usam para andar com segurança.

calmo (cal.mo)

1 Uma pessoa **calma** é tranquila e não está agitada.

Cauã foi bem na prova porque estava calmo.

2 Em um dia **calmo** ou em um lugar **calmo** não acontece muita coisa.

O mar estava calmo, sem ondas.

calor

calor (ca.lor)
Quando está muito quente e a temperatura está alta, a gente diz que está fazendo **calor**.

Hoje o sol está forte demais e as crianças estão sentindo muito calor.

cama (ca.ma)
Cama é o móvel onde as pessoas se deitam para dormir. As **camas** podem ser grandes, para duas pessoas, ou pequenas, para uma só pessoa.

cambalhota (cam.ba.lho.ta)
Cambalhota é a volta que se dá com o corpo, passando as pernas por cima da cabeça para elas caírem do outro lado. É mais fácil dar uma **cambalhota** apoiando as mãos no chão.

caminhão (ca.mi.nhão)
plural: caminhões

Caminhão é um veículo bem grande, com quatro rodas ou mais, que serve para levar muitas coisas juntas ou coisas muito pesadas.

caminhar (ca.mi.nhar)
Quando você anda a pé, está **caminhando**.

canguru

campo (cam.po)
1 O **campo** é diferente da cidade, porque nele há plantações e se criam animais, como boi, cabra e cavalo.

Os tios do Akira moram no campo.

2 Campo também é um lugar, muitas vezes cercado, onde são praticados vários esportes, como futebol, basquete e vôlei.

O campo de futebol está com a grama nova.

caneca (ca.ne.ca)
Caneca é um tipo de xícara grande e alta com uma alça para segurar.

caneta (ca.ne.ta)
A gente usa uma **caneta** para escrever ou desenhar com tinta.

canguru (can.gu.ru)
Canguru é um animal da Austrália que anda saltando. A fêmea tem uma bolsa na barriga onde carrega o filhote.

27

cansado (can.sa.do)

Uma pessoa fica **cansada** quando faz muito esforço, anda ou corre muito.

As crianças correram e brincaram o dia todo e agora estão cansadas.

cantar (can.tar)

Quando você **canta**, faz música com a voz.

canto (can.to)

1 Canto são os sons musicais produzidos pela voz de uma pessoa ou de um pássaro.

Titia dá aulas de canto.

2 Canto é também o lugar em que duas paredes se encontram.

O meu violão está guardado no canto do quarto.

cão plural: cães

Cão é o mesmo que cachorro.

Dizem que o cão é o melhor amigo do homem.

capacete (ca.pa.ce.te)

A gente chama de **capacete** um tipo de chapéu duro e resistente que protege a cabeça de uma batida forte.

cara (ca.ra)

1 A **cara** fica na parte da frente da nossa cabeça.

▶ **Cara** é o mesmo que rosto.

O Cauã está com a cara triste.

🔎 Ver ilustração na página 164.

2 Um **cara** é uma pessoa qualquer.

Você conhece aquele cara?

carinho (ca.ri.nho)

Carinho é o que você sente por uma pessoa de quem gosta muito.

carnaval (car.na.val)

plural: carnavais

Carnaval é uma festa em que as pessoas usam fantasias, dançam e cantam nas ruas e nos clubes.

carne (car.ne)

Carne é a parte macia do corpo que fica entre a pele e os ossos. Usamos como alimento a **carne** de alguns animais, como bois, porcos e frangos.

caro

caro (ca.ro)

Quando uma coisa é **cara**, gastamos muito dinheiro para comprá-la.

▶ O contrário de **caro** é barato.

carregar (car.re.gar)

Carregar é pegar e levar uma coisa de um lugar para outro.

A Ana carregou seus brinquedos para o quarto.

carro (car.ro)

1 Um **carro** tem quatro rodas e motor. Ele é usado para levar pessoas ou coisas de um lugar para outro.

2 O **carro** de boi não tem motor. Ele é feito de madeira e é puxado por um ou mais bois.

casa

carruagem (car.ru.a.gem)

Carruagem é um tipo de carro puxado por cavalos, muito usado por reis e rainhas.

A fada transformou uma abóbora em carruagem para Cinderela ir à festa.

casa (ca.sa)

1 Casa é o lugar onde as pessoas moram.

Todo domingo vamos à casa da vovó.

2 A abertura por onde o botão passa para fechar a roupa também é chamada **casa**.

▶ Em 1, **casa** é o mesmo que residência.

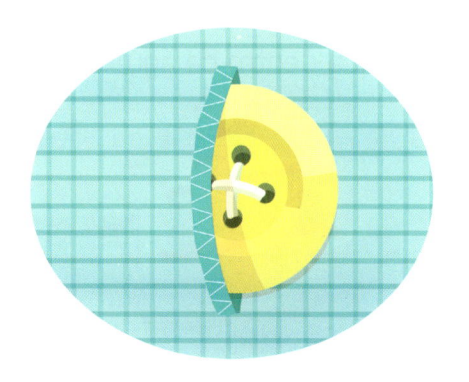

casaco (ca.sa.co)

Casaco é uma roupa que a gente veste sobre outra quando sente frio.

🔍 Ver ilustração na página 166.

casar (ca.sar)

Casar é unirem-se duas pessoas que se gostam, vão morar juntas e formar uma nova família.

casca (cas.ca)

1 Casca é a parte que envolve as frutas e os legumes.

A mamãe diz que a casca da maçã tem vitamina.

2 Casca é também aquela parte dura que fica por fora do pão e do ovo.

casco (cas.co)

1 Casco é a parte dura debaixo da pata do cavalo, do boi e de alguns outros animais. A tartaruga também tem um **casco**, mas, neste caso, ele cobre quase todo seu corpo e serve como proteção.

2 Nos barcos e navios, o **casco** é a parte que fica dentro da água.

castelo (cas.te.lo)

Castelo é um tipo de casa antiga e muito grande, com torres e muros altos.

castigo (cas.ti.go)

Quando uma pessoa faz alguma coisa que não deve ou se comporta mal, ela pode ficar de **castigo** e não fazer as coisas de que gosta.

cauda (cau.da)

A **cauda** fica na parte de trás do corpo dos animais.

cavar (ca.var)

Cavar é fazer um buraco na terra, na areia ou em pedra, por exemplo, para abrir um túnel.

cedo (ce.do)

1 Cedo quer dizer no começo da manhã.

Ele acordou muito cedo e conseguiu ver o nascer do sol.

2 Cedo quer dizer também antes do horário marcado ou da hora em que uma coisa costuma acontecer.

Vou chegar mais cedo ao cinema para escolher um bom lugar.

▶ O contrário de **cedo** é tarde.

celular

celular (ce.lu.lar)

Celular é um tipo de telefone que você leva para qualquer lugar, sem precisar estar ligado a um fio para funcionar. Alguns **celulares** têm também jogos e câmera para tirar fotos e filmar.

certo (cer.to)

Se uma coisa está **certa**, ela não tem nenhum erro.

*Akira, a sua resposta está **certa**.*

céu

Céu é o espaço que fica acima da Terra. É no **céu** onde ficam as estrelas, as nuvens, o Sol e a Lua.

chama (cha.ma)

Chama é a parte quente e brilhante do fogo.

chave

chamar (cha.mar)

Quando uma pessoa quer que você se aproxime, ela **chama** seu nome. Se ela quer saber se alguém está em um lugar, ela também pode **chamar** a pessoa pelo nome.

*Eu **chamei** o Edu bem alto, mas ele não ouviu.*

*A professora **chamou** o nome da Raquel para saber se ela estava na classe.*

chão plural: chãos

Chão é onde você pisa, anda e corre, em casa, na rua ou em qualquer lugar.

chapéu (cha.péu)

O **chapéu** é usado para cobrir a cabeça. Pode ser só um enfeite ou então servir para a pessoa se proteger do frio, do sol ou da chuva.

chave (cha.ve)

Chave é uma peça de metal usada para abrir ou fechar portas, gavetas, caixas e muitas outras coisas.

cheio (chei.o)

1 Se uma coisa está **cheia**, não há espaço dentro dela para mais nada.

A garrafa está cheia de água.

2 Se você tem alguma coisa em grande quantidade, pode dizer que está **cheio** dela.

Raquel está cheia de balas.

3 Estar **cheio** de alguma coisa pode ser também estar cansado dela.

Já estou cheio dessa brincadeira!

cheiro (chei.ro)

Para uma pessoa sentir um **cheiro**, ela tem que puxar o ar pelo nariz. Se o **cheiro** for ruim, chamamos de fedor; se o **cheiro** for bom, chamamos de perfume.

chocalho (cho.ca.lho)

Chocalho é um instrumento musical que tem dentro dele pedrinhas, bolinhas ou sementes que fazem sons quando ele é sacudido.

chorar (cho.rar)

Se você **chora**, saem lágrimas de seus olhos. Nós **choramos** quando nos emocionamos, ficamos tristes ou muito felizes, ou quando sentimos alguma dor.

chover (cho.ver)

Chove quando as gotas de água que estão nas nuvens caem na terra.

chute (chu.te)

1 Você dá um **chute** quando bate em alguma coisa com o pé.

Ana chutou a bola e fez um gol.

2 Quando você responde a uma pergunta sem ter certeza, isso também é um **chute**.

Você acertou a resposta, mas foi no chute.

chuva (chu.va)

As gotas de água que caem das nuvens formam a **chuva**.

Você está ouvindo o barulhinho da chuva?

cidade (ci.da.de)

1 Cidade é um local com casas, escolas, hospitais, lojas, ruas, avenidas e praças onde vivem muitas pessoas.

2 Um lugar de uma **cidade** que tem muitas lojas e muitos escritórios é chamado de centro da **cidade** ou só de **cidade**.

Mamãe foi comprar meu presente na cidade.

cinema (ci.ne.ma)

Cinema é uma sala grande com muitas cadeiras e uma tela bem grande, onde vamos assistir aos filmes.

circo (cir.co)

Circo é um lugar coberto por uma lona, com um palco redondo no meio e arquibancadas, onde o público senta. No **circo**, as pessoas se divertem vendo os palhaços, malabaristas e mágicos.

🔍 Ver ilustração na página 182.

circular (cir.cu.lar)

Circular é fazer um círculo em volta de alguma coisa.

A professora pediu para o Edu circular a palavra certa.

claro (cla.ro)

1 Um lugar **claro** tem muita luz.

2 Uma cor **clara** é mais próxima do branco.

Só gosto de cores claras, como amarelo e rosa.

Os móveis da minha casa são claros.

3 Uma coisa está **clara** quando as pessoas não têm nenhuma dúvida sobre ela ou entendem tudo muito facilmente.

Se eu gosto de maçã? É claro que sim!

A professora foi clara na explicação e eu entendi tudo.

▶ Em 1 e 2, o contrário de **claro** é escuro.

cobertor (co.ber.tor)

Quando faz frio, as pessoas dormem debaixo de um **cobertor** para ficar bem quentinhas.

cobrir (co.brir)

Se você **cobre** uma coisa, você põe alguma coisa sobre ela.

Para dormir, papai cobre Maria com uma colcha.

coçar (co.çar)

Quando seu corpo **coça**, você tem vontade de esfregar as unhas na pele.

O mosquito mordeu Akira, e sua perna coçou muito.

cocô (co.cô)

Cocô é o resto de tudo o que comemos e que nosso corpo não aproveitou.

coelho (co.e.lho)

Coelho é um animal com orelhas muito compridas, pelo macio e cauda curtinha.

coisa (coi.sa)

1 Coisa é tudo o que existe ou pode existir. Não costumamos chamar pessoas e animais de **coisa**.

2 A gente também chama de **coisa** tudo o que não sabemos o que é.

Que coisa é essa que você está desenhando?

3 Chamamos de **coisa** algo que a gente faz ou algo que acontece.

Ir à praia é uma coisa muito boa.

cola (co.la)

Usamos **cola** para deixar as coisas bem juntinhas, presas uma na outra.

colega (co.le.ga)

A pessoa que estuda ou brinca com você é seu **colega**.

colégio (co.lé.gio)

Colégio é o mesmo que escola.

colher (co.lher)

Existem vários tipos de **colher**. Algumas são usadas para tomar sopa e alimentos líquidos, outras servem para comer alimentos moles, e tem **colheres** que são usadas para mexer líquidos.

▶ Nesta palavra, a letra **e** tem o som de **é**.

colher (co.lher)

Colher é tirar frutas, flores ou folhas de uma árvore ou de uma planta.

O pai da Raquel só colhe as frutas quando elas estão maduras.

▶ Nesta palavra, a letra **e** tem o som de **ê**.

colmeia

colmeia (col.**mei**.a)

Colmeia é a casa das abelhas e onde elas guardam o mel que produzem.

colocar (co.lo.**car**)

Colocar é pôr alguma coisa em um lugar.

*Raquel **colocou** a boneca em cima da cama.*

colorir (co.lo.**rir**)

Colorir é pintar uma coisa com uma cor ou com várias cores.

*Akira gosta muito de **colorir** os desenhos que faz.*

começo (co.**me**.ço)

O **começo** de alguma coisa é a sua primeira parte, o seu início.

*Perdemos o **começo** do filme porque chegamos atrasados ao cinema.*

▶ O contrário de **começo** é fim.

comer (co.**mer**)

Comer é colocar um alimento na boca, mastigar e engolir.

comida (co.**mi**.da)

Tudo o que as pessoas e os animais comem para viver é **comida**. Frutas, pães e carnes são **comidas**.

completo (com.**ple**.to)

1 Uma coisa está **completa** quando não falta nenhuma parte.

*O time já está **completo**, podemos começar o jogo.*

*O quebra-cabeça está **completo**, não falta nenhuma peça.*

2 Uma coisa também está **completa** quando está terminada.

*O trabalho que a professora pediu está **completo**.*

comportar-se (com.por.**tar**-se)

Uma criança **se comporta** bem quando faz direito o que tem que fazer.

*Os meninos **se comportaram** muito bem na viagem.*

comprar (com.**prar**)

Comprar é dar dinheiro para uma pessoa entregar a você alguma coisa que ela vende e você quer.

*Ana **comprou** um picolé por 1 real.*

comprido (com.pri.do)

1 Uma coisa é **comprida** quando uma de suas pontas fica bem longe da outra.

Esta mesa é tão comprida que cabem nela umas doze pessoas!

2 Quando uma pessoa ou coisa é alta, também se diz que ela é **comprida**.

Você vai conseguir subir neste coqueiro tão comprido?

3 Se uma coisa demora muito para acabar, também se diz que ela é **comprida**.

Aquele filme foi muito comprido, não acabava nunca.

▶ Em 1 e 3, o contrário de **comprido** é curto.

computador (com.pu.ta.dor)

Computador é uma máquina que guarda informações e nos ajuda a achar outras. No **computador** a gente pode brincar, escrever, desenhar, ler, fazer contas, ver fotos e muitas outras coisas.

concha (con.cha)

1 Concha é uma casca dura e curva que protege o corpo de alguns bichos que vivem na água, como os caramujos, e de outros que vivem na terra, como os caracóis.

Maria pegou muitas conchas na areia da praia.

Caramujo   Caracol

2 Concha é também uma colher grande e funda que a gente usa para pegar feijão ou sopa.

conhecer (co.nhe.cer)

1 Conhecer uma coisa é saber o que ela é ou como ela é. **Conhecer** uma pessoa é saber como ela é.

Nós já conhecemos o alfabeto.
Edu conhece Recife porque já foi lá várias vezes.

2 Também se diz que você **conhece** uma pessoa quando a encontra pela primeira vez.

Papai conheceu hoje os meus amigos da escola.

conjunto (con.jun.to)

1 Conjunto é quando coisas de um mesmo tipo estão juntas formando um grupo. Existe também **conjunto** de pessoas.

*Mamãe comprou um **conjunto** de xícaras lindas.*

2 Quando um grupo de músicos toca sempre junto, isso é um **conjunto**.

3 Quando você faz alguma coisa em **conjunto** com alguém, isso quer dizer que você faz um trabalho com ela.

conserto (con.ser.to)

Quando alguma coisa quebra, ela precisa de um **conserto** para voltar a funcionar.

consoante (con.so.an.te)

O nosso alfabeto tem 20 **consoantes**: b, c, d, f, g, h, j, k, l, m, n, p, q, r, s, t, v, w, x, z.

construir (cons.tru.ir)

Construir é fazer uma casa, um prédio. **Construir** é também juntar de um jeito especial várias peças ou coisas, formando uma coisa nova, como um brinquedo, um carro ou um avião.

*Vão **construir** um parque de diversões aqui.*

conta (con.ta)

As pessoas fazem **contas** para saber a quantidade de alguma coisa. Existem **contas** de adição, subtração, multiplicação e divisão.

*Ana já aprendeu a fazer **conta** de adição.*

contar (con.tar)

1 Contar é dizer para uma pessoa alguma coisa que aconteceu, vai acontecer ou que você imaginou.

*A professora me **contou** que vai viajar.*

2 Contar também é falar os números na ordem certa, começando por 1, 2, 3, 4 e assim por diante.

*Já sei **contar** até mil.*

3 Se você **conta** um grupo de coisas, você descobre quantas coisas existem ali.

*A moça **contou** quantos brigadeiros foram colocados na bandeja.*

contente (con.ten.te)

Quando você está **contente**, você se sente bem, está alegre, satisfeito.

Ana está contente com a bicicleta que ganhou.

▶ **Contente** é o mesmo que feliz.

contrário (con.trá.rio)

1 Quando alguma coisa está ao **contrário**, ela está do lado errado, de cabeça para baixo ou do lado oposto ao seu.

Edu vestiu a camiseta ao contrário.
Cauã ficou do lado contrário ao meu para jogar peteca comigo.

2 Se você não concorda com alguma coisa, você é **contrário** a ela.

Akira foi contrário às regras do jogo.

conversar (con.ver.sar)

Quando você fala com outra pessoa, trocando ideias com ela, você está **conversando**.

convidar (con.vi.dar)

Convidar é chamar alguém para fazer alguma coisa ou para ir a algum lugar.

copiar (co.pi.ar)

Copiar é olhar uma coisa e fazer outra igualzinha a ela.

Os alunos copiaram a lição que a professora escreveu na lousa.

copo (co.po)

Quando você bebe água ou outro líquido, você usa um **copo**. Os **copos** são diferentes das xícaras e canecas, porque não têm asa nem alça. Há **copos** de vidro, de plástico, grandes, pequenos.

cor

O amarelo, o vermelho, o verde, o roxo, o azul são **cores**. Quando as **cores** são misturadas, elas formam outras **cores**.

O menino pintou o desenho com as sete cores do arco-íris.

🔍 Ver ilustração na página 185.

coração (co.ra.ção) plural: corações

Coração é uma parte muito importante do corpo. Ele fica dentro do peito e faz o sangue passar por todo o corpo.

coragem

coragem (co.ra.gem)

Quando você faz uma coisa mesmo sentindo medo, você mostra que tem **coragem**.

corda (cor.da)

1 A **corda** é feita de fios unidos e torcidos uns sobre os outros e serve para a gente amarrar ou pendurar coisas, brincar de pular ou para subir ou descer de lugares altos.

Depois da aula, todos foram pular corda.

2 Alguns instrumentos musicais, como o violão e o violino, também têm **cordas**, mas bem finas, que fazem sons quando mexemos nelas.

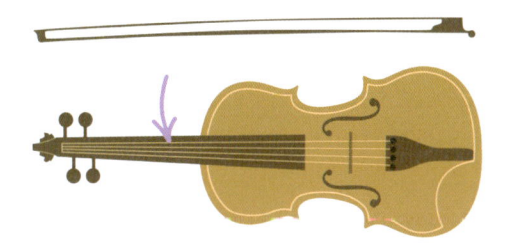

coroa (co.ro.a)

Coroa é um enfeite de ouro e pedras preciosas que os reis e rainhas usam na cabeça para mostrar sua riqueza e seu poder.

corrimão

corpo (cor.po)

O **corpo** de uma pessoa vai da cabeça até os pés.

🔎 Ver ilustração na página 164.

correr (cor.rer)

Correr é andar com tanta velocidade que os pés tocam muito rápido no chão e você chega logo aonde quer.

corrimão (cor.ri.mão)

plural: corrimãos ou corrimões

Corrimão é o lugar onde a gente apoia a mão ao subir ou descer uma escada. Ele acompanha uma escada do início ao fim e serve para que as pessoas se segurem e não caiam.

cortar

cortar (cor.tar)

Cortar é dividir alguma coisa em dois ou mais pedaços, usando a mão, uma tesoura ou uma faca.

costas (cos.tas)

Costas são a parte de trás do corpo, entre o pescoço e o bumbum. Quando uma pessoa está de **costas**, ela está com o lado de trás do corpo virado para alguma coisa.

A menina estava chorando e ficou de costas para ninguém ver.

🔍 Ver ilustração na página 164.

crescer

costurar (cos.tu.rar)

Quando você usa uma agulha e uma linha para fazer uma roupa ou consertá-la, você está **costurando**.

cozinha (co.zi.nha)

Cozinha é a parte da casa onde são preparados os alimentos que vamos comer.

crânio (crâ.nio)

1 Crânio é uma parte do nosso corpo que parece um capacete. Ele é feito todo de osso para proteger o cérebro.

2 A gente também chama de **crânio** as pessoas muito inteligentes.

crescer (cres.cer)

1 Se você aumentou de tamanho, você **cresceu**.

2 Crescer é também aumentar a quantidade de uma coisa.

O número de alunos na turma cresceu.

criança

criança (cri.an.ça)

Criança é um menino ou uma menina com pouca idade. Quando crescer, vai ser um adolescente e depois um adulto.

cru

Um alimento está **cru** se não foi cozido. As saladas quase sempre são comidas **cruas**.

*Japoneses costumam comer peixe **cru**.*

cuidar (cui.dar)

Cuidar é tomar conta de uma pessoa, ver se ela está bem e se precisa de alguma coisa.

*A babá **cuidava** de Raquel quando ela era neném.*

culpa (cul.pa)

Culpa é uma sensação ruim por ter feito alguma coisa errada.

*Maria sentiu **culpa** por ter derrubado a planta da vovó.*

curva

cumprimentar (cum.pri.men.tar)

1 Cumprimentar é dar os parabéns a alguém por alguma coisa que fez.

*A professora **cumprimentou** o aluno pelo bom trabalho que ele fez.*

2 Cumprimentar também é falar com alguém quando vocês se encontram, dizendo "bom-dia", "olá", "como vai?". A gente pode **cumprimentar** só apertando a mão do outro ou fazendo um sinal para ele.

curto (cur.to)

1 Curto é o que não é comprido.

*Aquela blusa já estava **curta** demais para ela.*

Curta — Comprida

2 Curto também é o que dura pouco.

*O filme foi bom, mas achei muito **curto**.*

curva (cur.va)

Quando alguma coisa é **curva**, ela não tem partes retas.

Dd

dançar (dan.çar)
Se você move o corpo e os pés ao som da música, você está **dançando**.

dar
1 Se você **dá** uma coisa para uma pessoa, o que você deu não é mais seu, é da outra pessoa.

O Akira deu a sua bola para o colega.

2 Você **dá** alguma coisa para uma pessoa quando entrega a ela o que estava com você.

Por favor, me dê a chave do carro.

3 Se uma árvore **deu** frutos, os frutos nasceram dela.

defeito (de.fei.to)
Uma coisa tem **defeito** quando não funciona bem.

A televisão lá de casa está com defeito, e papai mandou consertar.

defender (de.fen.der)
Defender é proteger alguém ou alguma coisa de um perigo.

degrau (de.grau)
Degrau é o lugar em que colocamos nossos pés para subir ou descer uma escada.

deitar

deitar (dei.**tar**)
Deitar é ficar com o corpo estendido sobre uma cama, um sofá, uma esteira ou sobre o chão.

delicioso (de.li.ci.**o**.so)
Uma coisa é **deliciosa** quando tem um gosto muito bom.

demorar (de.mo.**rar**)
Se uma coisa **demora**, custa a acontecer ou leva mais tempo do que você esperava.

O dia da festa demorou a chegar.

dentada (den.**ta**.da)
Quando você morde uma coisa, você está dando uma **dentada** nela.

A Raquel deu uma dentada na maçã.

dentista (den.**tis**.ta)
Dentista é quem cuida dos dentes das pessoas.

derrubar

depois (de.**pois**)
1 Se alguma coisa aconteceu **depois**, ela aconteceu em seguida a outra que já acabou.

Ana só saiu depois que a mãe chegou.
O domingo vem depois do sábado.

2 Quando alguém está **depois** de você numa fila, essa pessoa está atrás de você.

▶ O contrário de **depois** é antes.

depressa (de.**pres**.sa)
Fazer uma coisa **depressa** é fazer muito rápido.

Edu fez a lição depressa para não perder o futebol.

derramar (der.ra.**mar**)
Derramar é deixar uma coisa cair para fora de onde ela está. Isso pode acontecer de propósito ou sem querer.

Maria bateu com a mão no copo e derramou água na mesa.

derrubar (der.ru.**bar**)
Derrubar é deixar uma coisa cair sem querer ou não.

O vento forte derrubou muitas árvores.

desaparecer

desaparecer (de.sa.pa.re.**cer**)

Se uma coisa **desaparece**, você deixa de ver essa coisa.

Meu lápis estava aqui e agora desapareceu.

descalço (des.**cal**.ço)

Quando uma pessoa está **descalça**, ela está sem sapatos.

Maria gosta de andar descalça em casa.

descansar (des.can.**sar**)

Descansar é ficar quieto e não fazer nada por um tempo. Pode ser dormindo ou não.

Cauã descansou a tarde toda.

desenhar

descer (des.**cer**)

1 Descer é sair de um lugar mais alto para um mais embaixo.

Desci dez andares pela escada.

2 Descer do ônibus, do trem ou do táxi é sair de dentro dele.

▶ O contrário de **descer** é subir.

desculpar (des.cul.**par**)

1 Você **desculpa** uma pessoa quando não fica mais chateado com alguma coisa que ela fez e deixou você triste.

Papai me desculpou por ter furado a bola de futebol dele.

2 Se você quer se **desculpar** com alguém, você quer que essa pessoa não fique mais triste por uma coisa que você fez.

Fui me desculpar com Akira por não ter ido ao nosso encontro.

desenhar (de.se.**nhar**)

Desenhar é fazer figuras usando lápis ou caneta.

desviar (des.vi.ar)

1 Desviar é fazer uma coisa que estava indo em uma direção ir para uma outra.

Por causa de um buraco no meio da rua, os carros tiveram que desviar do caminho que faziam.

2 Desviar também é mudar a posição de uma coisa.

Cauã desviou a cabeça para a bola não bater nela.

detestar (de.tes.tar)

Quando você **detesta** uma coisa, você não gosta nem um pouquinho dela.

Ana detesta brigas.
Maria detesta tomar café.

devagar (de.va.gar)

Se você faz uma coisa **devagar**, você faz sem pressa e leva muito tempo fazendo isso.

A Raquel se arrumou tão devagar que chegou atrasada à escola.

dever (de.ver)

1 Dever é uma coisa que tem de ser feita. A lição que a professora passa para a gente fazer em casa ou durante a aula, por exemplo, é um **dever**.

2 Uma pessoa **deve** para outra quando não devolve o dinheiro que pegou emprestado ou não paga pelo que comprou.

Meu irmão me deve cinco reais.

3 Quando alguém diz que **deve** fazer alguma coisa, ela quer muito fazer isso, mas não sabe se vai poder ou conseguir.

Ana disse que deve ir ao cinema hoje, mas só se a mãe for também.

devolver (de.vol.ver)

Devolver é entregar uma coisa de volta ao seu dono.

Devolvi o livro para a biblioteca antes do dia marcado.

dia (di.a)

1 A semana é dividida em sete **dias**. Cada **dia** tem 24 horas.

Em que dia começa o campeonato?

2 Quando o tempo está claro, é **dia**. Quando escurece, é noite.

Só temos aulas de dia.

🔍 Ver quadro na página 184.

diferente

diferente (di.fe.**ren**.te)

1 Uma coisa ou pessoa é **diferente** de outra quando elas não são iguais.

Eles são irmãos, mas são muito diferentes.

Essas flores são muito diferentes uma da outra.

2 Se alguma coisa está **diferente** do que era, ela foi modificada.

Seu cabelo está diferente, o que você fez nele?

▶ O contrário de **diferente** é igual.

difícil (di.**fí**.cil) plural: difíceis

Uma coisa é **difícil** quando você precisa se esforçar bastante para fazê-la.

A prova foi muito difícil, porque eu não estudei.

Para Maria, é difícil acordar cedo.

▶ O contrário de **difícil** é fácil.

diminuir (di.mi.nu.**ir**)

1 Quando uma coisa **diminui**, ela fica menor no tamanho ou na quantidade.

Maria apontou tanto aquele lápis que ele diminuiu de tamanho rapidinho.

2 Diminuir também se usa no sentido de subtrair.

Se você diminui 3 de 5, você tira 3 de 5. O resultado é 2.

direito

dinheiro (di.**nhei**.ro)

Dinheiro são as notas ou as moedas que as pessoas usam para pagar as coisas.

dinossauro (di.nos.**sau**.ro)

Dinossauros eram animais que viveram na Terra há muito tempo, antes de os homens existirem. Os **dinossauros** não existem mais.

🔍 Ver ilustrações na página 174.

direito (di.**rei**.to)

1 Em um relógio que tem ponteiros, o lado **direito** é onde fica o número 3.

Para quem olha de frente, a farmácia está do lado direito da escola.

2 Quando uma coisa não funciona **direito**, ela está com algum problema ou defeito.

3 Se você faz alguma coisa **direito**, é porque você a faz bem.

Faça essa lição direito e com atenção.

▶ Em 1, o contrário de **direito** é esquerdo.

dirigir

dirigir (di.ri.gir)

1 Quando uma pessoa **dirige** alguma coisa, ela diz o que as outras devem fazer.

*A diretora **dirige** a escola há muito tempo e cuida dela direitinho.*

2 Dirigir um carro é fazer com que ele ande e vá para onde a pessoa quer.

*O homem ligou o carro e foi **dirigindo** para o trabalho.*

distrair (dis.tra.ir)

Uma pessoa se **distrai** quando para de prestar atenção no que estava fazendo.

*O homem estava **distraído** e bateu no poste.*

dividir (di.vi.dir)

1 Dividir é separar uma coisa em partes.

*Você **divide** esse pedaço de bolo comigo?*

2 Quando você **divide** um número por outro, você descobre quantas vezes um número cabe no outro.

*Se eu **dividir** 6 por 3, o resultado é 2. Isso significa que o número 3 cabe duas vezes no número 6.*

dizer (di.zer)

Para **dizer** alguma coisa, você tem que usar palavras ou gestos para ser entendido. **Dizer** também é falar.

dobrar

dobrar (do.brar)

1 Dobrar é virar um papel ou um pano sobre ele mesmo uma vez ou várias vezes.

***Dobre** a carta antes de pôr no envelope.*

*Mamãe **dobrou** o lenço antes de o guardar na gaveta.*

2 Quando você **dobra** o seu corpo, você move a parte de cima dele para baixo.

*O acrobata se **dobrava** todo.*

doce (do.ce)

1 Quando você põe açúcar numa comida, ela fica **doce**.

O mingau estava muito doce.

2 Doce também é uma comida feita com açúcar, mel ou melado.

Na minha festa tinha brigadeiro, quindim, cocada, pudim e vários outros tipos de doces.

3 Existem alimentos, como algumas frutas, que têm o gosto **doce**, mas não são feitos com açúcar.

Que manga doce!

doente (do.en.te)

Quando uma pessoa sente dor, fraqueza e outras coisas que não a deixam se sentir bem, ela está **doente**.

dor

Dor é uma sensação ruim em uma parte do corpo. Você sente **dor** quando se machuca ou quando fica doente.

dormir (dor.mir)

Quando você **dorme**, o seu corpo descansa. Os seus olhos ficam fechados e você não percebe o que está acontecendo perto de você.

dragão (dra.gão) plural: dragões

Dragão é um animal que só existe na imaginação. Nas histórias, ele é grande, tem asas, unhas afiadas e solta fogo pela boca.

duro (du.ro)

Quando alguma coisa é **dura**, é difícil de quebrar, amassar, dobrar, apertar. Pedra e osso são **duros**.

▶ O contrário de **duro** é mole.

duvidar (du.vi.dar)

1 Duvidamos quando não temos certeza se uma coisa é verdadeira ou se alguém está dizendo a verdade.

Duvido que ela seja amiga da Maria.

2 Duvidar também é achar que uma coisa não vai acontecer.

Duvido que você ganhe esse jogo!

3 Duvidar é não acreditar em alguma coisa ou em alguém.

O Edu duvidou que eu tivesse feito esse desenho.

Ee

edifício (e.di.fí.cio)

Quando uma construção tem muitos andares, é um **edifício**. Existem **edifícios** para morar e para trabalhar.
▶ **Edifício** é o mesmo que prédio.

educação (e.du.ca.ção)
plural: educações

1 Quando você aprende alguma coisa, você está recebendo **educação**.

A Educação Física ensina a gente a cuidar do corpo.

2 Quando alguém tem **educação** é porque se comporta bem nos lugares.

Ana tem educação, sabe esperar a vez de falar na aula.

elétrico (e.lé.tri.co)

Um aparelho **elétrico** funciona quando o ligamos a uma tomada.

elevador (e.le.va.dor)
Elevador é uma máquina que serve para levar pessoas, animais ou coisas de um andar para outro, para cima e para baixo.

embrulho (em.bru.lho)
Embrulho é alguma coisa enrolada em um papel ou pano.

*Chegou um **embrulho** grande para você.*

emprestar (em.pres.tar)
Emprestar é deixar alguma coisa com alguém para a pessoa usar por um tempinho e depois devolver.

*A biblioteca da escola **empresta** livros para os alunos.*

empurrar (em.pur.rar)
Quando você **empurra** alguma coisa, você faz força para ela sair do lugar.

encabulado (en.ca.bu.la.do)
Uma pessoa **encabulada** fica com vergonha quando tem que conhecer pessoas novas.

encontrar (en.con.trar)
1 Encontrar é achar ou ver alguma coisa que você estava procurando.

*Ana **encontrou** a pulseira que tanto procurava.*

2 Você se **encontra** com uma pessoa quando vai para o mesmo lugar onde ela está e vocês se veem e conversam.

***Encontrei** com o Edu lá no parquinho.*

encostar

encostar (en.cos.**tar**)

1 Se você toca uma pessoa ou uma coisa com parte do seu corpo, você **encosta** nela.

Cauã encostou o dedo no copo.
Maria encostou a cabeça no colo da mãe.

2 Encostar é também deixar uma porta ou janela quase fechadas ou fechadas, sem trancar.

endereço (en.de.**re**.ço)

Quando alguém pergunta onde você mora, você diz o nome da sua rua e o número da sua casa. Essas informações são o seu **endereço**.

enfiar (en.fi.**ar**)

Enfiar é fazer uma coisa entrar em outra.

Meu irmão enfiou o pé no sapato e saiu.
Mamãe enfiou a linha na agulha.

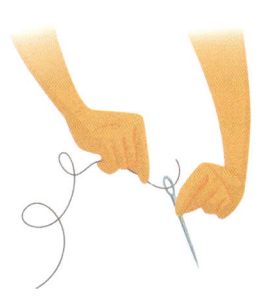

ensinar

engolir (en.go.**lir**)

Você **engole** um alimento ou uma bebida quando eles passam pela sua garganta.

engraçado (en.gra.**ça**.do)

Uma coisa ou uma pessoa **engraçada** nos diverte, nos faz rir.

O palhaço deste circo é muito engraçado!

enorme (e.**nor**.me)

Uma coisa **enorme** é uma coisa muito, muito grande.

A baleia é um bicho enorme.

ensinar (en.si.**nar**)

Quando você sabe alguma coisa e a explica a uma pessoa, você está **ensinando**.

Os professores sempre ensinam coisas novas aos alunos.

entender (en.ten.der)

Você **entende** alguma coisa quando não tem nenhuma dúvida sobre o que foi explicado.

*O motorista **entendeu** o caminho para chegar ao clube.*

entrar (en.trar)

1 Entrar é ir para dentro de um lugar.

*A gente **entra** em casa pela porta.*

2 Quando você **entra** para uma escola, um clube ou um grupo, você começa a fazer parte dele.

▶ O contrário de **entrar** é sair.

entregar (en.tre.gar)

Se você dá uma coisa nas mãos de outra pessoa, você **entrega** essa coisa a ela.

equilibrar (e.qui.li.brar)

Equilibrar é colocar alguma coisa em uma posição para que ela não caia.

*A foca **equilibrou** a bola em seu focinho.*

equipe (e.qui.pe)

Equipe é um grupo de pessoas que se unem para conseguir fazer uma atividade.

*Na minha **equipe**, cada um fez a sua parte direitinho, e a professora elogiou o nosso trabalho.*

errado (er.ra.do)

Uma coisa **errada** não está ou não ficou do jeito que deveria ser.

*O nome dele está escrito **errado**.*

escada (es.ca.da)

A gente usa a **escada** para subir para algum lugar ou descer dele. Ela pode ter poucos ou muitos degraus.

escola (es.co.la)

Escola é o lugar onde professores ensinam aos alunos o que eles precisam aprender. Na **escola**, aprendemos a ler, escrever, contar e muito mais.

▶ **Escola** é o mesmo que colégio.

escolher (es.co.lher)

Uma pessoa **escolhe** quando decide se quer uma coisa ou outra.

*Ana **escolheu** tomar um sorvete de chocolate.*

esconder (es.con.der)

Se você **esconde** alguma coisa, você a põe em um lugar que ninguém sabe onde é.

escorregar (es.cor.re.gar)

1 Quando um chão está muito liso, a gente costuma **escorregar**.

*Ele **escorregou** no chão molhado e quase caiu.*

2 Escorregar também é uma brincadeira em que se sobe no escorregador para descer sentado e rapidinho.

escova (es.co.va)

As **escovas** são feitas com pelos ou com fios de plástico e servem para limpar e pentear.

*Quem pegou a minha **escova** de dentes?*

escrever (es.cre.ver)

1 Escrever é colocar palavras num papel, no computador ou na lousa.

*Raquel **escreveu** seu nome na linha errada.*

2 Escrever é também contar histórias, o que você sente e pensa, usando as letras.

*Aquele escritor acabou de **escrever** mais um livro.*

escuro (es.cu.ro)

1 Quando um lugar está **escuro**, ele tem pouca ou nenhuma luz.

*O cinema ficou **escuro** para o filme começar.*

2 Uma cor **escura** é quase preta.

*Os móveis lá de casa são **escuros**.*

▶ O contrário de **escuro** é claro.

escutar

escutar (es.cu.tar)

Escutar é o mesmo que ouvir com atenção.

O menino escutou tudo o que o professor explicou.

esfriar (es.fri.ar)

Esfriar é deixar uma coisa ficar fria ou mais fria.

Mamãe sopra a colher para esfriar a sopa do neném.

espaço (es.pa.ço)

1 Espaço é um lugar vazio ou que não tem quase nada.

No quintal, há espaço para mamãe parar o nosso carro.

2 Espaço é também o lugar onde ficam as estrelas e os planetas.

Os astronautas viajam pelo espaço.

espada (es.pa.da)

A **espada** é comprida e pontuda. Antigamente ela era muito usada em combates.

Os piratas usavam as espadas para proteger seus tesouros.

espetáculo

espantar (es.pan.tar)

1 Espantar é afastar para longe.

O cavalo abana o rabo para espantar as moscas.

2 Você se **espanta** quando fica assustado ou admirado com alguma coisa.

Maria ficou espantada quando viu o leão no Jardim Zoológico.

Eu até me espantei com as minhas boas notas na escola.

esperar (es.pe.rar)

1 Quando você deseja muito uma coisa, você **espera** que ela aconteça.

Cauã espera poder viajar quando as férias chegarem.

2 Esperar é ficar em um lugar até alguém chegar ou alguma coisa acontecer.

Akira esperou a chuva passar para poder sair.

esperto (es.per.to)

1 Esperto é o mesmo que inteligente.

Maria aprende tudo muito rápido porque é esperta.

2 Se você é **esperto**, presta atenção em tudo.

espetáculo (es.pe.tá.cu.lo)

1 Uma coisa é um **espetáculo** quando ela chama a atenção e é muito interessante de ver.

O carnaval é um grande espetáculo.

2 Espetáculo também pode ser uma apresentação de teatro, de cinema ou de música.

esporte

esporte (es.por.te)

Esporte é uma atividade em que se usa o corpo. Quem faz **esporte** treina sempre para fazer movimentos certos. Natação, futebol e vôlei são alguns tipos de **esporte**.

O esporte favorito da Raquel é a natação.

espuma (es.pu.ma)

1 A **espuma** é feita de um monte de bolhas pequenas que se formam quando agitamos ou fervemos um líquido.

Ana gosta de tomar leite com espuma.

2 Espuma também é um material macio usado, por exemplo, para fazer travesseiro.

esquecer (es.que.cer)

1 Esquecer é não conseguir se lembrar de alguma coisa que você sabia.

Minha mãe esqueceu o nome da loja.

2 Esquecer é também deixar uma coisa em algum lugar sem perceber que fez isso.

A moça esqueceu o guarda-chuva no ônibus.

3 Quando você deixa de fazer alguma coisa que devia, muitas vezes isso acontece porque você se **esqueceu** dela.

Edu se esqueceu de fazer o dever de casa.

▶ O contrário de **esquecer** é lembrar.

esquina

esqueleto (es.que.le.to)

Todos os ossos do corpo, cada um em seu lugar, formam o **esqueleto**. É o **esqueleto** que deixa o corpo firme e de pé.

▶ **Esqueleto** é o mesmo que caveira.

esquentar (es.quen.tar)

Esquentar é deixar uma coisa quente ou mais quente do que ela estava.

No verão o tempo esquenta muito.

esquerdo (es.quer.do)

Em um relógio que tem ponteiros, o lado **esquerdo** é onde fica o número 9. Nós lemos ou escrevemos as palavras da **esquerda** para a direita.

▶ O contrário de **esquerdo** é direito.

esquina (es.qui.na)

Esquina é o lugar onde duas ruas ou duas avenidas se encontram.

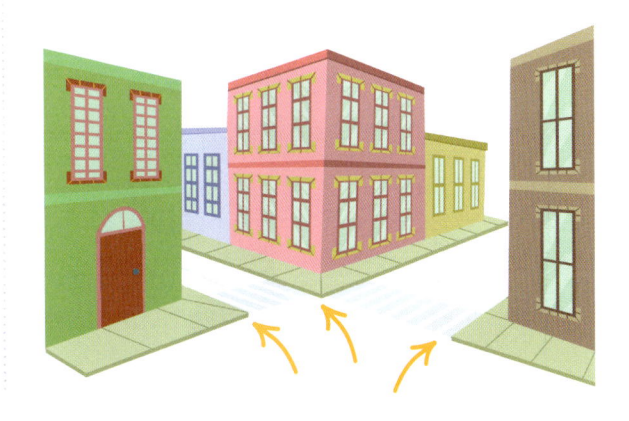

estádio — estranho

estádio (es.tá.dio)

Estádio é um lugar que tem campo para jogos e outras competições de esporte. No **estádio**, há um lugar especial para o público assistir aos jogos que se chama arquibancada.

esticar (es.ti.car)

Esticar é puxar uma coisa segurando com força para ela ficar mais comprida ou lisa.

Mamãe esticou o varal para pendurar a roupa.

estojo (es.to.jo)

Estojo é uma caixinha para guardar coisas. Na escola usamos **estojo** para guardar lápis, canetas, borracha e apontador.

🔍 Ver ilustração na página 176.

estrada (es.tra.da)

Estrada é um caminho comprido e largo por onde passam carros, ônibus, caminhões e outros veículos que vão de uma cidade para outra.

estragar (es.tra.gar)

1 Se um alimento **estragou**, ele está ruim e não deve ser comido.

A comida que ficou fora da geladeira estragou.

2 Uma coisa **estraga** quando não funciona mais direito.

O celular do papai estragou de novo.

estranho (es.tra.nho)

1 Estranho é uma pessoa que a gente não conhece e nem sabe quem é.

Mamãe disse para não conversarmos com estranhos.

2 Uma coisa é **estranha** quando ela é muito diferente do que costumamos ver ou quando a gente não sabe direito o que ela é.

A sopa está com um gosto estranho.

estrela (es.tre.la)

1 O que vemos brilhar no céu à noite são **estrelas**.

2 Estrela também é uma figura de cinco ou seis pontas.

estudar (es.tu.dar)

1 Estudar é ir à escola para aprender coisas novas, ter aulas, fazer lições e ler livros.

2 Estudar para uma prova é ler com atenção a matéria que o professor ensinou e fazer exercícios para ver se você entendeu tudo direitinho.

esvaziar (es.va.zi.ar)

Esvaziar uma coisa é tirar tudo o que tem dentro dela.

*Raquel **esvaziou** a mochila quando chegou em casa.*

explicar (ex.pli.car)

Explicar é usar palavras ou desenhos para ajudar uma pessoa a entender uma coisa.

*Akira **explicou** para todo mundo as regras do jogo.*

Ff

faca (fa.ca)

Faca é uma lâmina afiada presa a um cabo. Ela é usada para cortar alimentos.

fácil (fá.cil) plural: fáceis

Uma coisa é **fácil** quando você a faz ou a entende rapidinho, sem problemas e sem esforço.

Para Cauã, andar de bicicleta é fácil.

▶ O contrário de **fácil** é difícil.

fada (fa.da)

1 Fada é uma mulher que aparece nas histórias usando uma varinha para fazer mágicas do bem.

2 Os contos de **fadas** são histórias em que coisas mágicas acontecem.

O rei e a rainha convidaram várias fadas para o batizado da princesa Aurora.

falar

falar (fa.lar)

Quando você **fala**, você diz coisas em voz alta.

Minha irmãzinha está aprendendo a falar.

falso (fal.so)

Uma coisa é **falsa** quando ela não é verdadeira, é só uma imitação.

Edu estava usando um bigode falso para se disfarçar.

família (fa.mí.lia)

1 Família é um grupo de pessoas que vivem juntas na mesma casa, se respeitam e se gostam. As crianças e os adolescentes são cuidados pelos pais ou por outros adultos que vivem nessa casa.

2 Pai, mãe, irmãos, tios, sobrinhos, primos, avós e netos também formam uma **família**, mas nem sempre moram na mesma casa.

favela

fantasia (fan.ta.si.a)

Fantasia é uma roupa que faz você ficar parecido com um personagem de alguma história ou com uma pessoa bem conhecida.

Maria ganhou uma fantasia de Branca de Neve para ir à festa.

fantasma (fan.tas.ma)

Fantasma é uma pessoa que não é de verdade. Nas histórias, eles atravessam paredes e costumam assustar as pessoas. As crianças às vezes brincam de **fantasma** cobrindo-se com um lençol.

fatia (fa.ti.a)

Fatia é um pedaço tirado de alguma coisa maior.

Eu ganhei uma fatia de bolo com dois morangos.

favela (fa.ve.la)

Favela é um conjunto de casas muito simples, construídas quase sempre em morros ou em lugares afastados da cidade. As casas costumam ser muito frágeis e bem pertinho umas das outras.

fazer (fa.zer)

1 Fazer alguma coisa é juntar coisas diferentes para ter uma coisa nova.

Eu e papai fizemos um bolo para mamãe.

2 Fazer serve para falar de alguma atividade em que usamos o pensamento ou o corpo. Podemos **fazer** ginástica, **fazer** música ou não **fazer** nada.

3 Fazer também serve para falar do tempo que passou ou de como está o tempo lá fora.

Faz duas horas que eu estou aqui esperando por ela.

Hoje vai fazer calor ou frio?

fechadura (fe.cha.du.ra)

Fechadura é um buraquinho em que você coloca a chave para abrir ou fechar portas, gavetas, caixas e muitas outras coisas.

fechar (fe.char)

1 Você **fecha** uma porta ou uma janela quando não deixa nenhuma passagem para pessoas ou coisas entrarem.

Feche a janela para não entrar chuva.

2 Quando você **fecha** os olhos, suas pálpebras descem e não dá para você ver mais nada.

3 Quando alguém diz que um lugar **fechou**, quer dizer que esse lugar deixou de funcionar por um tempo ou para sempre.

A escola fecha no Natal.

Aquela padaria fecha mais cedo aos domingos.

▶ O contrário de **fechar** é abrir.

feio (fei.o)

1 Uma coisa **feia** não é agradável de se ver.

A Maria fez uma cara feia e eu fiquei assustado.

2 Quando você faz uma coisa que não é legal nem boa, as pessoas dizem que você fez uma coisa **feia**.

Deixar as meninas chorando e com medo foi muito feio.

▶ O contrário de **feio** é bonito.

feiticeira (fei.ti.cei.ra)

Nas histórias, as **feiticeiras** quase sempre são más e fazem mágicas, como mudar a forma das pessoas e dos animais.

▶ **Feiticeira** é o mesmo que bruxa.

feliz (fe.liz)

Quando você está **feliz**, você se sente bem por causa de alguma coisa que aconteceu.

Meus pais ficaram felizes quando meu irmão passou de ano.

▶ **Feliz** é o mesmo que contente.
▶ O contrário de **feliz** é infeliz.

fera (fe.ra)

1 Fera é qualquer animal bravo.

A onça é uma fera que vive nas matas do Brasil.

2 Quando uma pessoa fica muito zangada, ela fica uma **fera**.

Papai ficou uma fera porque eu desobedeci às suas ordens.

3 Quando alguém faz muito, muito bem uma coisa, dizemos que ele é **fera** nessa coisa.

O amigo do meu irmão é fera em matemática.

feriado (fe.ri.a.do)

Feriado é um dia em que se comemora alguma coisa e, por isso, não tem aula nem se trabalha.

Dia 7 de setembro é feriado no Brasil.

férias (fé.rias)

Férias são alguns dias do ano em que os alunos não têm aula e os adultos não trabalham. Nesses dias, as pessoas costumam descansar ou viajar.

ferida (fe.ri.da)

Ferida é um machucado feito por um corte, uma pancada ou um arranhão.

festa (fes.ta)

Quando as pessoas querem comemorar alguma coisa e se divertir, elas se reúnem e fazem uma **festa**. Nas **festas** quase sempre tem comida, bebida e música.

Minha mãe fez uma festa bem legal para comemorar meu aniversário.

figura (fi.gu.ra)

Figura é um desenho, uma pintura ou uma fotografia.

Minha irmãzinha gosta de olhar as figuras dos livros.

fila (fi.la)

Quando várias coisas ou pessoas ficam uma atrás da outra, formam uma **fila**.

Olha como está grande a fila do ônibus!

filho

filho (fi.lho)
Quando uma pessoa tem ou adota um bebê, essa criança é seu **filho** ou **filha**.

filme (fil.me)
Os **filmes** contam histórias com muitas imagens em movimento. A gente assiste a **filmes** no cinema e na televisão.

Ontem meus pais foram ao cinema ver um filme de aventura.

fim
1 Uma coisa chega ao **fim** quando para de existir ou de acontecer.

As nossas férias chegaram ao fim.

2 Fim é também a última parte de alguma coisa.

O fim do filme foi muito triste. Todo mundo saiu chorando.

Akira e Ana entraram no fim da fila.

▶ O contrário de **fim** é começo.

fino

fingir (fin.gir)
Fingir é fazer parecer que é de verdade o que não é real.

Maria me enganou fingindo que estava dormindo.

fino (fi.no)
1 Quando uma coisa é **fina**, um lado dela fica bem perto do outro.

Edu ganhou uma fatia de bolo muito fina e não gostou disso.

2 Uma pessoa **fina** trata bem as outras pessoas, porque é muito educada.

3 Uma voz **fina** não é grossa. A voz das mulheres é mais **fina** que a voz dos homens.

▶ O contrário de **fino** é grosso.

fita   fogo

fita (fi.ta)

Fita é um pedaço de pano fino e comprido que a gente usa para enfeitar ou amarrar alguma coisa.

*Raquel usava um laço de **fita** amarela no cabelo.*

flor

Flor é uma parte das plantas. É dela que as sementes nascem. Algumas **flores** têm pétalas coloridas e um cheiro muito gostoso.

floresta (flo.res.ta)

Floresta é um lugar bem grande onde muitas árvores crescem próximas. Animais selvagens vivem em **florestas**.

*João e Maria se perderam na **floresta**.*

▶ **Floresta** é o mesmo que mata e selva.

focinho (fo.ci.nho)

Focinho é uma parte da cabeça de alguns animais. É formado pelo nariz, pela boca e pelo queixo.

*Meu cachorro é de uma raça que tem um **focinho** comprido.*

Gato   Porco

Cachorro

Cavalo   Vaca

fogão (fo.gão) plural: fogões

As pessoas usam o **fogão** para cozinhar ou esquentar a comida.

fogo (fo.go)

Fogo é a chama produzida por alguma coisa que está queimando.

*Os bombeiros conseguiram apagar o **fogo** daquela casa.*

fogueira (fo.guei.ra)

Quando você junta pedaços de madeira e põe fogo neles, você faz uma **fogueira**. As **fogueiras** são usadas para esquentar quando está frio, cozinhar ou iluminar quando está escuro.

Nas festas juninas da minha escola sempre tem uma fogueira.

foguete (fo.gue.te)

1 Foguete é um veículo espacial comprido, pontudo e sem asas. Ele sobe muito depressa até o espaço.

O homem usou um foguete para chegar à Lua.

2 Foguete é também uma coisa que, quando a gente acende, vai lá para o alto e explode, fazendo barulho e soltando luzes coloridas. Esse tipo de **foguete** é perigoso e pode causar acidentes.

folha (fo.lha)

1 Folha é uma parte das plantas. As **folhas** nascem nos galhos e quase sempre são verdes.

2 Os livros e cadernos também têm **folhas**. As **folhas** dos cadernos e dos livros são de papel e têm dois lados, que se chamam páginas.

fome (fo.me)

Fome é o que as pessoas sentem quando estão há muito tempo sem comer.

força (for.ça)

Quando você levanta uma coisa pesada e muda essa coisa de lugar, você está usando a **força** do seu corpo para fazer isso.

forte (for.te)

1 Uma pessoa **forte** consegue fazer trabalhos que cansam e carregar coisas pesadas.

2 Uma coisa **forte** não quebra nem fica com defeito toda hora.

Pode se segurar nesta corda, porque ela é forte, você não vai cair.

▶ O contrário de **forte** é fraco.

fotografia · fumaça

fotografia (fo.to.gra.fi.a)

Fotografia é uma imagem de pessoas ou de coisas. A gente tira **fotografias** com uma câmera fotográfica.

Quando eu era bebê, minha mãe tirava muitas fotos de mim.

▶ **Fotografia** é o mesmo que foto.

fraco (fra.co)

1 Quem é **fraco** não consegue pegar muito peso e se cansa bem rápido.

2 Uma coisa **fraca** quebra ou estraga muito fácil.

A cadeira era muito fraca e quebrou quando o homem se sentou.

▶ O contrário de **fraco** é forte.

frase (fra.se)

Frase é uma palavra ou um grupo de palavras que juntas formam uma ideia. A primeira palavra de uma **frase** começa com letra maiúscula. "Eu gosto da escola" é uma **frase**.

frio (fri.o)

Quando está **frio**, a gente quer vestir roupas mais quentinhas para se esquentar. No inverno costuma fazer muito **frio**, e o ar fica gelado como o de uma geladeira.

▶ O contrário de **frio** é quente.

fruta (fru.ta)

Fruta é um tipo de alimento que nasce nas plantas e que a gente pode comer. Existem muitas **␣frutas**, como o melão, a banana, a uva, a laranja.

🔍 Ver ilustração na página 180.

fugir (fu.gir)

Fugir é sair bem rápido de onde se está para ficar livre de alguém, de um perigo ou de uma coisa ruim.

fumaça (fu.ma.ça)

Fumaça é um tipo de nuvem branca ou escura que sai de uma coisa muito quente ou que está pegando fogo.

fundo

fundo (fun.do)

1 Se você coloca a mão dentro de um buraco e não consegue tocar no fim dele, esse buraco é **fundo**.

2 Fundo pode ser também a parte mais distante, a parte de baixo ou a de trás de alguma coisa.

As crianças foram sentar no fundo da sala.

O chocolate ficou grudado no fundo da panela.

A moça guardou o presente no fundo do armário.

3 Quando você respira com muita força, você respira **fundo**.

▶ Em 1, o contrário de **fundo** é raso.

futuro

furar (fu.rar)

Furar é fazer um buraco em uma coisa.

Meu pai furou a parede com um prego para pendurar o quadro.

futebol (fu.te.bol)

Futebol é um jogo em que cada time tem que chutar a bola para dentro do gol do outro.

futuro (fu.tu.ro)

Futuro é o que vai acontecer daqui para a frente. **Futuro** é o tempo que ainda não chegou.

Ninguém sabe o que vai acontecer no futuro.

Gg

galho (ga.lho)

Os **galhos** saem do tronco das árvores e é neles que nascem as folhas.

🔍 Ver ilustração no verbete *árvore*.

ganhar (ga.nhar)

1 Quando uma pessoa trabalha, ela **ganha** dinheiro pelo que faz.

2 Se uma pessoa **ganha** um prêmio, é porque ela fez alguma coisa para merecer.

3 Quando você **ganha** um jogo, você tem um resultado melhor do que os outros jogadores.

▶ Em 3, **ganhar** é o mesmo que vencer.

▶ O contrário de **ganhar** é perder.

garfo (gar.fo)

O **garfo** tem três ou quatro pontas, que são chamadas de dentes. Ele é usado para levar comida à boca e também para segurar algum alimento que precisa ser cortado.

A menina está aprendendo a comer com garfo e faca.

garoto (ga.ro.to)

Garoto é o mesmo que menino. Se for uma menina, ela é uma garota.

gastar (gas.tar)

1 Gastar é usar o dinheiro que se tem para comprar coisas.

Minha irmã gastou quase todo o dinheiro da mesada para comprar um jogo.

2 Uma coisa se **gasta** quando é muito usada.

Os pneus do carro do meu pai já se gastaram porque ele viaja muito.

gato　　　　　　　　　　　　　　　　　　　　gigante

gato (ga.to)
Gato é um animal de quatro patas, que mia, tem pelo macio, bigode e rabo compridos.

O bicho de estimação do Akira é um gato.

geladeira (ge.la.dei.ra)
Geladeira é um tipo de armário, muito gelado por dentro, onde são guardados alguns alimentos e bebidas para eles não estragarem rápido.

gelado (ge.la.do)
Gelado quer dizer muito, muito frio.
Edu pediu um suco gelado.

gelo (ge.lo)
Gelo é água endurecida pelo frio. Quando congelamos a água, estamos fazendo gelo.

gêmeo (gê.meo)
Gêmeos são irmãos que nasceram no mesmo dia e quase na mesma hora. Existem gêmeos que são muito parecidos e outros que não.

gente (gen.te)
1 Gente é uma porção de pessoas.
Tinha muita gente no estádio assistindo ao último jogo do campeonato.

2 Gente é também o ser humano.
Gente é diferente de bicho.

gigante (gi.gan.te)
1 Gigante é um homem enorme e muito forte.

2 Quando uma pessoa diz que uma coisa é gigante, é porque ela é imensa ou grande demais.

68

ginástica

ginástica (gi.nás.ti.ca)

Ginástica são exercícios com o corpo. As pessoas fazem **ginástica** para ficarem fortes, se movimentarem com facilidade e terem boa saúde.

A mãe da Ana faz ginástica todos os dias.

girar (gi.rar)

Quando você **gira**, dá voltas em torno de você mesmo ou de alguma coisa.

Sempre que a Maria vai ao parquinho, ela brinca de girar com os amigos.

gola (go.la)

Gola é uma parte da roupa que fica em volta do pescoço.

gordo (gor.do)

Uma pessoa **gorda** pesa muito.

▶ O contrário de **gordo** é magro.

gordura (gor.du.ra)

1 Entre a pele e a carne das pessoas e dos animais, existe uma camada que se chama **gordura**.

2 Gordura é também o que usamos para preparar ou fritar alimentos.

gosto (gos.to)

Quando você come ou bebe alguma coisa, sente o **gosto** dela. Esse **gosto** pode ser amargo, doce, salgado ou azedo. Outra palavra para dizer isso é sabor.

Os bolos de aniversário têm gosto doce.

▶ Nesta palavra, a primeira letra **o** tem som de **ô**.

gostoso (gos.to.so)

Uma comida **gostosa** é a que você gosta de comer.

gota (go.ta)

Gota é uma quantidade bem pequena de líquido.

Minha mãe pingou duas gotas de remédio na minha boca.

▶ **Gota** é o mesmo que pingo.

gota

69

grande (gran.de)

1 Uma coisa é **grande** quando tem um tamanho maior que o de outras coisas do mesmo tipo.

*Aquele cachorro é **grande**, mas o da minha irmã é bem maior.*

2 Se você diz que alguém já é **grande**, é porque essa pessoa está crescida ou não é mais criancinha.

Minha irmã acha que já é gente grande.

*Agora que sou **grande**, já posso ir dormir mais tarde.*

▶ O contrário de **grande** é pequeno.

gripe (gri.pe)

Gripe é uma doença que deixa as pessoas com febre, dor de cabeça, dor de garganta, tosse e espirrando muito.

gritar (gri.tar)

1 Gritar é falar muito alto.

*Akira precisou **gritar** para eu ouvir.*

*A mulher **gritou** porque estava muito zangada.*

2 Gritar também é soltar a voz bem alto, sem falar nada.

*Quando Maria viu a barata, **gritou** muito.*

grosso (gros.so)

1 Quando uma coisa é **grossa**, um de seus lados fica longe do outro.

*Edu ganhou um livro bem **grosso**.*

2 Uma pessoa **grossa** não trata bem os outros porque é mal-educada.

3 Uma voz **grossa** parece mais forte. Os homens têm a voz mais **grossa** que a voz das mulheres.

▶ O contrário de **grosso** é fino.

grupo

grupo (**gru**.po)

1 Grupo são pessoas ou coisas reunidas.

2 Quando algumas pessoas se juntam para fazer alguma coisa, elas formam um **grupo**.

Aquele grupo de meninas está se organizando para fazer uma festa.

▶ Em 2, **grupo** é o mesmo que equipe.

guloso

guarda-chuva (guar.da-**chu**.va)

Um **guarda-chuva** serve para proteger as pessoas da chuva.

guloso (gu.**lo**.so)

Uma pessoa **gulosa** gosta muito de comer ou come demais.

Hh

habitante (ha.bi.**tan**.te)

Habitante é a pessoa que mora em um lugar. Os **habitantes** dos prédios são os seus moradores.

A cidade de São Paulo tem milhões de habitantes.

helicóptero (he.li.**cóp**.te.ro)

Helicóptero é um veículo que voa. Ele tem hélices grandes que giram muito rápido e, por isso, ele pode ir para cima, para baixo, para os lados e até ficar parado no ar.

herói (he.**rói**)

1 Herói é uma pessoa muito corajosa que enfrenta perigos para ajudar outras pessoas ou animais.

Edu foi o herói que salvou o gatinho do acidente.

2 Herói é também o personagem principal de histórias e filmes de aventura.

A heroína do filme era uma menininha.

higiene (hi.gi.**e**.ne)

Ter **higiene** é cuidar para que as coisas e o seu próprio corpo estejam sempre limpos.

história   hospital

história (his.tó.ria)

1 História é o que já aconteceu há muito tempo num lugar, com um povo ou com uma pessoa.

*Nós temos aulas de **História** do Brasil na minha escola.*

2 Quando alguém conta coisas que aconteceram de verdade ou que foram imaginadas, ele está contando uma **história**. Uma **história** tem personagens e deve ter começo, meio e fim.

*Vovó sempre conta **histórias** de fadas antes de nós irmos dormir.*

3 História em quadrinhos é uma **história** contada com desenhos, textos curtos e falas de personagens. Cada coisa que acontece é desenhada num quadrinho diferente.

CROCO SE PREPARA PARA REBATER A BOLA.

AI!!!

hoje (ho.je)

Hoje quer dizer o dia que você está vivendo. Antes de **hoje** foi ontem, depois de **hoje** será amanhã.

🔍 Ver quadro na página 187.

homem (ho.mem)

1 Quando um menino cresce e fica adulto, ele é chamado de **homem**.

2 Homem também quer dizer o conjunto de todas as pessoas que vivem na Terra.

*O **homem** deve cuidar da natureza.*

hora (ho.ra)

1 As **horas** servem para medir o tempo. A **hora** tem 60 minutos, e um dia tem 24 **horas**.

🔍 Ver ilustração na página 184 e quadro na página 187.

2 Para dizer quando uma coisa vai acontecer ou aconteceu, usamos a palavra **hora**.

*O filme começou na **hora** combinada.*

horta (hor.ta)

Horta é um lugar com terra onde são plantados legumes e verduras.

hospital (hos.pi.tal) plural: hospitais

Hospital é um lugar onde as pessoas ficam para ser cuidadas quando estão muito doentes ou machucadas.

Ii

idade (i.da.de)

A sua **idade** é o tempo que você já viveu desde que nasceu.

*Minha irmã já tem 12 anos de **idade**.*

idoso (i.do.so)

Uma pessoa **idosa** é um adulto que já tem muitos anos de idade.

*Meu bisavô é um homem **idoso**.*
*Devemos respeitar e ajudar os **idosos**.*

igual (i.gual) plural: iguais

1 Quando se diz que uma coisa é **igual** a outra, quer dizer que elas têm a mesma cor, o mesmo tamanho ou a mesma quantidade.

2 Quando se diz que duas pessoas são **iguais**, é porque elas se parecem muito.

3 Se o tempo passa e uma coisa não muda nada, ela continua **igual**.

*Os amigos do meu pai dizem que ele continua brincalhão **igual** a quando ele era criança.*

▶ O contrário de **igual** é diferente.

ilha (i.lha)

Ilha é uma porção de terra cercada de água por todos os lados. Existem **ilhas** no mar, nos rios e nos lagos.

imagem (i.ma.gem)

Imagem é o que vemos nas fotos, nas pinturas, no cinema, na televisão e também o que vemos no espelho.

O filme tinha muitas imagens lindas.

imaginar (i.ma.gi.nar)

1 Imaginar uma coisa é pensar como ela é ou foi sem nunca a ter visto.

Será que os primos da Ana são como ela imaginava?

2 Imaginar também pode ser achar que uma coisa vai acontecer ou ser de um jeito e não de outro.

Minha mãe imaginava que as coisas que ela comprou chegariam logo.

imenso (i.men.so)

Uma coisa **imensa** é uma coisa muito, muito grande.

O esqueleto de dinossauro que o Cauã viu no museu era imenso.

imitar (i.mi.tar)

Para **imitar** uma pessoa, você tem que fazer as coisas do jeito que ela faz.

ímpar (ím.par)

Os números que terminam em 1, 3, 5, 7, 9 são chamados de **ímpares**. Quando se divide um número **ímpar** por 2, sempre sobra 1.

Akira e Raquel decidiram fazer a brincadeira do par ou ímpar para decidir quem começaria o jogo.

▶ O contrário de **ímpar** é par.

ÍMPAR! PAR!

importante

importante (im.por.tan.te)

1 Se você não pode deixar de fazer alguma coisa nem se esquecer dela, é porque ela é muito **importante**.

Dormir é muito importante para a saúde.

2 Uma pessoa **importante** é alguém que tem muito poder para decidir o que deve ser feito ou não.

imundo (i.mun.do)

Uma coisa **imunda** é uma coisa muito suja.

Maria brincou tanto no parquinho que voltou imunda para casa.

incêndio (in.cên.dio)

Incêndio é um fogo muito forte que se espalha bem rápido e queima tudo o que está perto.

Os bombeiros apagaram o incêndio do prédio.

injeção

índio (ín.dio)

Índios são os povos que já viviam aqui quando o Brasil foi descoberto. Existem vários povos indígenas espalhados pelo país. Eles conhecem bem a natureza, e cada um deles se organiza e fala do seu jeito.

infância (in.fân.cia)

Infância é um tempo que vai desde que a gente nasce até fazer uns 12 anos. Quem está na **infância** é ainda criança.

infeliz (in.fe.liz)

Uma pessoa se sente **infeliz** quando está muito triste com alguma coisa que aconteceu.

Fiquei infeliz quando tive que mudar de cidade e deixar os meus amigos.

▶ O contrário de **infeliz** é feliz.

inimigo (i.ni.mi.go)

1 O **inimigo** de uma pessoa é alguém que não gosta nem um pouco dela e às vezes faz maldades para atrapalhar a sua vida.

2 Um país é **inimigo** de outro quando eles estão em guerra porque não concordam com alguma coisa.

injeção (in.je.ção) plural: injeções

Injeção é um remédio líquido que é colocado dentro do seu corpo através de uma agulha. Você toma **injeção** quando está doente.

inocente (i.no.**cen**.te)

Uma pessoa é **inocente** quando ela não fez uma coisa errada que todo mundo diz que ela fez.

Disseram que o Edu quebrou a janela, mas ele é inocente.

inseto (in.**se**.to)

Inseto é um animal bem pequeno, que tem duas antenas e seis pernas. Quase todos os **insetos** têm asas. Moscas, mosquitos, abelhas e formigas são **insetos**.

🔍 Ver ilustração na página 168.

instrumento (ins.tru.**men**.to)

1 Instrumento é uma coisa que as pessoas usam para fazer alguns trabalhos. A caneta é um **instrumento** para escrever, o garfo é um **instrumento** para comer.

O médico usa um instrumento, chamado de estetoscópio, para ouvir as batidas do nosso coração.

2 Os **instrumentos** musicais são usados para produzir sons e fazer música. Flauta, piano e violão são alguns **instrumentos** musicais.

A Ana quer muito saber tocar um instrumento.

inteiro (in.**tei**.ro)

Quando uma coisa está **inteira**, não está faltando nenhuma parte dela.

A classe inteira foi ao museu, não faltou ninguém.

inteligente (in.te.li.**gen**.te)

Uma pessoa **inteligente** sabe muitas coisas e tem boas ideias. Para ela, entender e aprender as coisas é rápido e fácil.

Aquele menino é muito inteligente, ele aprendeu a falar inglês muito rápido e não esquece nenhuma palavra.

intestino (in.tes.**ti**.no)

Intestino é uma parte do nosso corpo que fica dentro da barriga. O **intestino** transforma o que comemos e bebemos e joga fora o que não vai ser aproveitado pelo corpo.

inventar (in.ven.tar)

1 Inventar é quando você pensa alguma coisa que ainda não existe e constrói ou faz essa coisa. Quem **inventa** é inventor.

*O sorvete foi **inventado** na China há muitos e muitos anos.*

2 Inventar é também contar uma coisa que não é verdade como se fosse verdadeira.

*Maria **inventou** que estava com dor de barriga para não ir ao dentista.*

inverno (in.ver.no)

O ano tem quatro estações, o **inverno** é uma delas. É o tempo em que faz mais frio. Em alguns lugares, é quando chove mais. O **inverno** começa depois do outono e termina antes da primavera.

invisível (in.vi.sí.vel)
plural: invisíveis

Invisível é o que ninguém consegue ver.

*O herói tinha o poder de ficar **invisível**.*

ir

1 Ir é sair de um lugar onde se está para chegar a outro.

*Meu irmão e eu **fomos** de casa até a escola a pé.*

2 Ir bem é estar se sentindo bem, estar com saúde.

*— Como **vai** você? — Eu **vou** bem.*
*Vovô **vai** bem de saúde.*

▶ Em 1, o contrário de **ir** é vir e voltar.

irmão (ir.mão) plural: irmãos

As pessoas que têm o mesmo pai e a mesma mãe são **irmãos** ou **irmãs**. Também pode ser **irmão** ou **irmã** quem é filho ou filha só do mesmo pai ou só da mesma mãe.

Eu e meus irmãos adoramos o inverno!

Jj

janela (ja.**ne**.la)

Janela é uma abertura na parede que deixa o ar e a luz do sol entrarem. Os ônibus, carros e trens também têm **janelas**.

jangada (jan.**ga**.da)

Jangada é um barco a vela feito de troncos de madeira presos um no outro.

jantar (jan.**tar**)

1 Quando você faz uma refeição à noite, você **janta**.

2 Jantar é a última refeição grande que a gente faz no dia.

jardim (jar.**dim**)

Jardim é um lugar onde há muitas plantas e flores. Ele pode ficar em nossa casa ou numa praça.

jarra (jar.ra)

Jarra é um tipo de copo grande com asa e bico, em que se colocam água e sucos para serem servidos.

jato (ja.to)

1 Jato é o que sai muito rapidamente e com força de uma abertura. Ele pode ser um líquido ou um gás. Quando se abre muito uma torneira e a água vem com muita força, isso é um **jato** de água.

2 O avião a **jato** voa com um **jato** forte de ar que sai dos seus motores.

jogo (jo.go)

1 Jogo é uma atividade com regras de que as pessoas participam para se divertir. A brincadeira de esconde-esconde é um **jogo**.

2 Se você joga xadrez, damas e coisas assim, isso é também um **jogo**.

3 Uma partida de futebol, de vôlei ou de qualquer outro esporte também é um **jogo**.

jovem (jo.vem)

Jovem é uma pessoa que já não é criança, mas ainda não é adulto.

juba (ju.ba)

Juba são os pelos que o leão tem em volta da cabeça e do pescoço. A fêmea do leão é a leoa, mas ela não tem **juba**.

junto (jun.to)

1 Quando duas coisas ou pessoas estão **juntas**, elas estão encostadas ou estão muito perto uma da outra.

Os lápis estão juntos no armário.

2 Se uma pessoa sai **junto** com outra, elas saem do mesmo lugar ao mesmo tempo.

As meninas se encontraram na escola e saíram juntas para a festa.

jurar (ju.rar)

Jurar é dizer com certeza que vai fazer alguma coisa que prometeu a alguém.

A Maria jurou para a sua mãe que vai fazer toda a lição.

Kk

ketchup

Ketchup é um molho de tomate forte e um pouco doce.

▶ **Ketchup** é uma palavra inglesa e se fala assim: quétchup.

kiwi

Kiwi é uma fruta marrom-esverdeada, com pelinhos por fora e verdinha por dentro.

▶ **Kiwi** é uma palavra inglesa e se fala assim: quiuí.

Ll

ladeira (la.dei.ra)

Ladeira é uma rua em que uma de suas pontas fica no alto e a outra bem embaixo.

Quando chove, a água da chuva desce pela ladeira.

lado (la.do)

1 Lado é cada uma das partes de uma coisa. Pode ser a parte da frente ou a de trás, pode ser a da direita ou a da esquerda, a de dentro ou a de fora.

*O cubo tem seis **lados** quadrados.*

*A professora mandou desenhar nos dois **lados** da folha.*

2 Quando uma pessoa fica junto a alguém ou a alguma coisa, ela está ao **lado** dela.

*Mãe, sente aqui do meu **lado**.*

ladrão (la.drão) plural: ladrões

Ladrão é uma pessoa que rouba os outros.

*O **ladrão** roubou o carro do meu pai.*

lago   lata

lago (la.go)
Lago é uma grande quantidade de água cercada de terra por todos os lados.

lágrima (lá.gri.ma)
Lágrima é cada gota de água salgadinha que sai dos nossos olhos quando choramos.

lamber (lam.ber)
Para **lamber** alguma coisa, tem que se passar a língua sobre ela.

O gato se lambe para se limpar.

lâmpada (lâm.pa.da)
Uma **lâmpada** produz luz e serve para iluminar um lugar que está escuro.

lanche (lan.che)
Lanche é uma comida leve, como um suco e um sanduíche, que comemos e bebemos, quase sempre entre o almoço e o jantar.

lancheira (lan.chei.ra)
Lancheira é um tipo de malinha em que levamos alimentos para comer na hora do lanche.

Maria colocou na lancheira um suco para tomar no recreio.

lápis (lá.pis)
A gente usa o **lápis** para escrever, desenhar ou colorir. Há **lápis** pretos e de cores.

lata (la.ta)
Uma **lata** é feita de metal. Ela pode ter vários formatos e tamanhos. As **latas** são usadas para guardar coisas, como alimentos e tinta.

Papai comprou uma lata de tinta para pintar a sala.

latido (la.ti.do)

Latido é o som curto e alto que os cachorros fazem. É a voz do cachorro. Um cachorro mostra se está alegre ou bravo com seu **latido**.

lavar (la.var)

Lavar é limpar o que está sujo com água e sabão, sabonete, xampu ou outra coisa.

lebre (le.bre)

A **lebre** é um bicho parecido com o coelho, mas é maior e tem as orelhas e as patas de trás mais compridas, por isso ela é boa em corridas.

*Na fábula "A **lebre** e a tartaruga", a **lebre** é muito mais rápida que a tartaruga, mas pegou no sono e perdeu a corrida.*

legume (le.gu.me)

Abóbora, cenoura e chuchu são **legumes**. Os **legumes** são plantados em hortas e depois de colhidos podem ser comidos.

🔍 Ver ilustração na página 180.

leite (lei.te)

Leite é um líquido branco que as mulheres e as fêmeas de alguns animais produzem quando os bebês nascem. É com esse **leite** que as mães alimentam seus bebês e seus filhotes. Queijo, manteiga e iogurte são alimentos feitos de **leite**.

*Ana toma **leite** de vaca todo dia de manhã.*

leitura (lei.tu.ra)

Tudo o que a gente lê é **leitura**.

*A **leitura** preferida do Edu são livros de aventura.*

lembrar   lição

lembrar (lem.brar)

Lembrar é trazer de novo para o pensamento alguém ou alguma coisa.

*Akira se **lembrou** de quando visitou a avó no Japão.*

*Hoje me **lembrei** de que precisamos comprar o presente da mamãe.*

▶ O contrário de **lembrar** é esquecer.

lento (len.to)

Se uma coisa é **lenta**, ela se movimenta ou acontece bem devagar.

*Esse filme é muito **lento**, dá sono.*

ler

1 Quando você compreende o que está escrito, você está **lendo**.

2 Quando você **lê** em voz alta, você fala as palavras que estão escritas.

letra (le.tra)

As **letras** servem para escrever palavras.

*A palavra amor tem quatro **letras**.*

levantar (le.van.tar)

1 Quando você tira uma coisa de um lugar e a coloca em um lugar mais alto, você **levanta** essa coisa.

*Ele **levantou** a mala e pôs em cima do armário.*

2 Levantar também é acordar e sair da cama.

*Ele só se **levanta** quando o despertador toca.*

3 Levantar é também sair da posição deitada ou sentada e ficar de pé.

*Paulo se **levantou** do sofá para atender o telefone.*

leve (le.ve)

Uma coisa **leve** não tem muito peso. As coisas **leves** nós podemos carregar sem fazer força.

*A minha mochila hoje está **leve**.*

▶ O contrário de **leve** é pesado.

lição (li.ção) plural: lições

1 Lição é um trabalho que a gente faz na escola e também em casa.

2 Também chamamos de **lição** quando você aprende alguma coisa a partir de algo que você fez ou observando o que os outros fizeram.

*Maria aprendeu a **lição**, esperou a sopa esfriar para não queimar a língua de novo.*

limpo

limpo (lim.po)

Uma coisa **limpa** não tem sujeira nem manchas.

*Quando chegamos, a sala estava **limpa**. A moça tinha varrido e passado pano no chão.*

▶ O contrário de **limpo** é sujo.

lindo (lin.do)

Uma coisa **linda** é uma coisa boa de olhar, porque é muito, muito bonita.

*Os cachorrinhos são muito **lindos**!*

língua (lín.gua)

1 Língua é uma parte do corpo que fica dentro da boca. A gente usa a **língua** para falar, comer e sentir o gosto das coisas.

*A professora disse que é feio mostrar a **língua**.*

2 Língua também é o conjunto de palavras que as pessoas usam para falar e escrever. No Brasil, falamos a **língua** portuguesa.

líquido

linha (li.nha)

1 Linha é um fio usado para costurar ou para amarrar as coisas.

*A minha avó costurou a barra da minha calça com **linha** azul.*

2 Linha também é um risco comprido e fino. A **linha** pode ser reta ou curva.

*As folhas do meu caderno têm **linhas** bem finas.*

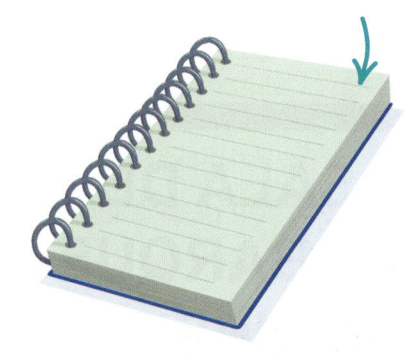

3 Palavras escritas uma ao lado da outra também formam uma **linha**.

*Cada aluno leu em voz alta duas **linhas** do livro.*

líquido (lí.qui.do)

Líquido é tudo que escorre facilmente. A água, o leite e o suco de fruta são **líquidos**.

lista

lista (lis.ta)

1 Quando escrevemos os nomes de coisas ou pessoas um depois do outro, fazemos uma **lista**.

O nome de minha tia não estava na lista de convidados.

Papai fez uma lista com tudo o que precisamos comprar no mercado.

2 Lista é também o mesmo que listra.

listra (lis.tra)

Listra é um risco em tecido, papel ou animal. Ela pode ser fina ou grossa.

O meu pai ganhou de presente uma camisa com listras azuis.

livro (li.vro)

Várias folhas de papel presas por um dos lados e cobertas por uma capa formam um **livro**. As páginas de um **livro** têm palavras e, às vezes, figuras.

lixo (li.xo)

1 Lixo é tudo que a gente não aproveita mais e, por isso, joga fora.

2 Lixo é também o nome do lugar onde jogamos as coisas que não aproveitamos, não usamos ou não queremos mais.

loja (lo.ja)

Loja é um lugar onde coisas são vendidas. Existem **lojas** de roupas, de calçados, de tecidos, de móveis e de muitos outros tipos.

Raquel foi a uma loja de roupas comprar um presente.

Lua

Lua (Lu.a)

A **Lua** pode ser vista brilhando no céu à noite. A **Lua** é o satélite natural da Terra.

*Minha irmã e o namorado gostam de olhar a **Lua**.*

lutar (lu.tar)

Quando pessoas ou animais **lutam**, um tenta vencer o outro.

*Os cachorros **lutavam** por causa de um osso.*

luz

Tudo o que deixa um lugar iluminado é uma **luz**. Pode ser a **luz** do Sol, a **luz** da Lua, a **luz** de uma fogueira ou a de uma lâmpada.

*Edu só dorme com a **luz** acesa.*

Mm

macarrão (ma.car.rão)
plural: macarrões

Macarrão é um tipo de massa durinha que a gente come depois de cozinhar em água quente. O **macarrão** pode ter várias formas: compridinho, de argolinha, de letras.

machado (ma.cha.do)

Machado é uma ferramenta que tem uma lâmina afiada presa num cabo. O **machado** serve para cortar madeira.

machucar (ma.chu.car)

Se você se corta ou bate com força em alguma coisa, você se **machuca**.

*O meu amigo caiu e **machucou** o joelho.*

macio (ma.ci.o)

1 Uma coisa **macia** é fofinha. Se você se encosta nela, ela afunda, mas depois fica do mesmo jeito.

*Meu travesseiro é **macio**.*

2 Uma coisa lisa, sem nenhum carocinho, é uma coisa **macia**.

*O pelo do meu gato é **macio**.*

madeira (ma.dei.ra)

A **madeira** é tirada do tronco das árvores. Ela é usada para fazer móveis, portas e muitas outras coisas.

madrasta (ma.dras.ta)

Quando um homem tem filhos e se casa de novo, a nova esposa dele passa a ser a **madrasta** dos filhos que ele tinha.

maduro (ma.du.ro)

Quando uma fruta está **madura**, ela está pronta para ser comida. Quando ela não está **madura**, dizemos que a fruta está verde, mesmo quando ela não tem essa cor.

mãe

Quando uma mulher tem um ou mais filhos, ela é a **mãe** deles.

▶ **Mãe** é o mesmo que mamãe.

mágica (má.gi.ca)

1 Mágica é um truque que faz você pensar que alguém tem poderes especiais.

2 Mágica também é uma coisa que, nas histórias, só as fadas e as bruxas podem fazer.

A bruxa fez uma mágica e transformou o príncipe em sapo.

mágico (má.gi.co)

1 Mágico é a pessoa que faz mágicas.

2 Objetos **mágicos** só existem em contos de fada.

A fada deu o anel mágico para a princesa.

magro (ma.gro)

Uma pessoa **magra** tem o corpo fininho.

▶ O contrário de **magro** é gordo.

maior (mai.or)

1 Uma coisa é **maior** quando ela é mais alta, mais comprida, mais pesada ou mais importante do que outra.

Pelé é o maior jogador de futebol de todos os tempos.

As vacas são maiores do que os carneiros.

2 Maior também quer dizer mais velho.

Meu primo fez 3 anos, e seu irmão maior tem 12 anos.

▶ O contrário de **maior** é menor.

mal

mal

1 Se uma coisa tem defeitos, está feia ou incompleta, é porque alguém a fez **mal**, sem nenhum cuidado.

*O homem lavou **mal** a louça e tivemos que limpar tudo de novo.*

2 Quando alguém está **mal**, é porque está doente, com dor ou fraco. Ou está triste, aborrecido, com raiva.

*Perder o jogo me deixou muito **mal**.*
*Akira estava se sentindo **mal** e precisou sair da aula.*

▶ Não confundir **mal** com **mau**.
▶ O contrário de **mal** é bem.

mala (ma.la)

Quando você viaja, leva as suas roupas na **mala**. As **malas** podem ser de couro, de lona ou de outro material.

malcriado (mal.cri.a.do)

Uma pessoa **malcriada** não tem educação, não respeita os outros.

*Aquele menino é **malcriado**, não obedece a ninguém e está sempre xingando e brigando.*

mamãe (ma.mãe)

Mamãe é um outro jeito de dizer mãe.

mancha (man.cha)

1 Mancha é uma marca de cor diferente na pele ou no pelo de algumas pessoas e animais.

*O cachorro de Pedro tem **manchas** nas orelhas.*

2 Mancha é também um sinal ou marca que fica nos tecidos e em outras coisas quando cai comida, tinta ou algum líquido neles.

manhã (ma.nhã)

Manhã é a primeira parte do dia, que vai desde que começa a clarear até o meio-dia.

*Eu acordo de **manhã** bem cedo para brincar com o meu cachorro antes de ir para a escola.*

🔍 Ver ilustração na página 184 e quadro na página 187.

mapa

mapa (ma.pa)

1 Mapa é um desenho que mostra onde ficam vários lugares. Os **mapas** podem mostrar países, estradas, ruas, clima, oceanos, rios, montanhas e outras coisas.

Estudamos os mapas nas aulas de geografia.

🔍 Ver ilustração na página 189.

2 Mapa também é um desenho que mostra caminhos para se chegar a algum lugar.

Meu amigo fez um mapa para eu ir à casa dele.

mar

Mar é uma grande quantidade de água salgada que cobre quase todo o planeta Terra.

mastigar

marionete (ma.ri.o.ne.te)

Marionete é um boneco que faz movimentos quando são puxadas as cordinhas ou os fios que estão presos nele.

máscara (más.ca.ra)

1 Você põe uma **máscara** no rosto para se fantasiar ou se disfarçar. As **máscaras** costumam imitar caras de pessoas ou de animais.

2 Existem também **máscaras** de proteção. Os bombeiros usam **máscaras** para se proteger da fumaça.

mastigar (mas.ti.gar)

Mastigar é cortar com os dentes, em pedaços bem pequenos, os alimentos que estão dentro da boca para depois serem engolidos.

A gente deve mastigar bem a comida antes de engolir.

mata

mata (ma.ta)

Mata é um pedaço grande de terra com muitas árvores, plantas e alguns animais.

▶ **Mata** é o mesmo que floresta.

mato (ma.to)

Mato são plantas que nascem sem ninguém plantar e que não servem como alimento para os seres humanos.

*Atrás do campinho tem um **mato** alto aonde ninguém vai.*

mau

1 Quando alguém é **mau**, faz coisas ruins para os outros.

*O menino era muito **mau**; batia sempre no cachorrinho.*

2 Quando dizemos que alguma coisa tem **mau** cheiro, quer dizer que ela tem cheiro ruim.

*Está saindo um **mau** cheiro daquele banheiro.*

▶ Não confundir **mau** com **mal**.

▶ O contrário de **mau** é bom.

médico

máximo (má.xi.mo)

1 Máximo quer dizer o maior de todos.

*Para subir nessa árvore, você tem que tomar o **máximo** cuidado.*

2 Se você vai demorar no **máximo** meia hora para voltar, não vai demorar mais tempo do que isso.

3 Se uma criança tem no **máximo** oito anos, ela ainda não fez nove anos.

4 Se você vai fazer o **máximo** para chegar cedo à escola, você vai fazer todo o possível para chegar cedo.

5 Se você diz que uma pessoa ou uma coisa é o **máximo**, ela é muito legal.

médico (mé.di.co)

Médico é quem cuida da saúde das pessoas. O **médico** ajuda as pessoas doentes a ficarem boas.

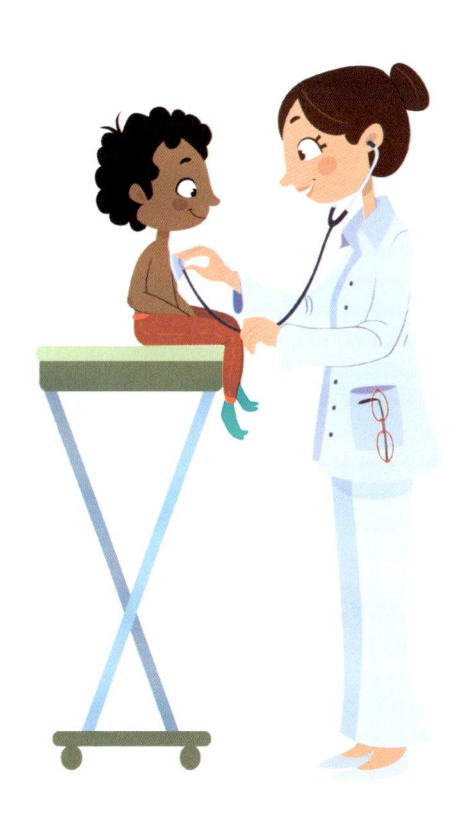

medir

medir (me.dir)

1 Nós **medimos** uma coisa para saber seu tamanho ou seu peso.

Papai mediu a nossa sala. Ela tem 5 metros de comprimento.

2 O seu tamanho desde os pés até a parte de cima da cabeça é quanto você **mede**.

A Maria mede 1 metro de altura.

3 Nós também **medimos** a temperatura do corpo com um termômetro para ver se estamos com febre.

A enfermeira mediu a temperatura da Ana.

medo (me.do)

Nós sentimos **medo** quando achamos que alguma coisa ruim pode acontecer, quando nos sentimos em perigo ou quando alguma coisa nos assusta.

O Edu ficou com medo de repetir de ano.

meio

meia (mei.a)

A gente usa **meias** para esquentar e proteger os pés.

meio (mei.o)

1 O **meio** de uma coisa é a metade dela.

Raquel quis comer só meio sanduíche.

2 Meio também é a parte de uma coisa que fica a uma distância igual das duas pontas ou bordas.

Ana pôs o vaso bem no meio da prateleira.

3 Meio é também uma maneira de se fazer uma coisa.

Samuel criou um meio divertido de brincar na areia.

4 Meio também é mais ou menos.

Maria estava meio cansada ontem.

5 Meio ambiente é o ambiente natural em que nós vivemos.

6 Os carros, os aviões e os barcos são **meios** de transporte porque levam pessoas e coisas de um lugar para outro.

mel

mel plural: méis

Mel é um líquido grosso, grudento e doce, feito pelas abelhas.

melhor (me.lhor)

1 Se você faz uma coisa **melhor** do que os outros, eles não são tão bons naquilo como você.

Cauã desenha bem, mas Raquel desenha melhor do que ele.

2 O seu **melhor** amigo é aquele que você mais admira.

3 Se você estava doente e ficou **melhor**, você está quase bom.

▶ O contrário de **melhor** é pior.

menina (me.ni.na)

Menina é uma criança que, quando crescer, vai ser uma mulher.

▶ **Menina** é o mesmo que garota.

menino (me.ni.no)

Menino é uma criança que, quando crescer, vai ser um homem.

▶ **Menino** é o mesmo que garoto.

mentira

menor (me.nor)

1 Uma coisa é **menor** quando ela é mais baixa, mais curta, mais fraca ou menos importante do que outra.

Essa dor é menor do que a que eu senti ontem.

As formigas são menores do que os elefantes.

2 Menor também quer dizer mais novo.

Os alunos menores de 10 anos vão ficar daquele lado.

▶ O contrário de **menor** é maior.

mentir (men.tir)

Quem **mente** diz uma coisa que sabe que não é verdade.

Mamãe sempre me diz para não mentir.

mentira (men.ti.ra)

1 Mentira é o que uma pessoa inventa para enganar outra pessoa.

Cada vez que o Pinóquio contava uma mentira, seu nariz crescia.

2 Se uma coisa é de **mentira**, ela imita uma coisa real, parece muito com ela, mas não é.

▶ O contrário de **mentira** é verdade.

merenda (me.ren.da)

Merenda é um lanche que as crianças comem na escola pela manhã ou à tarde.

mergulhar (mer.gu.lhar)

1 Quando você entra com o corpo inteiro em um lugar cheio de água, você está **mergulhando**.

2 Mergulhar é também colocar uma coisa dentro de um líquido.

Mergulhei a roupa na água com sabão.

mesa (me.sa)

Mesa é um móvel sobre o qual a gente come, escreve, costura, brinca de jogos e outras coisas. Ela é feita de um tampo que fica apoiado em um ou mais pés.

tampo

pé

metade (me.ta.de)

Se você divide uma coisa em duas partes iguais, cada uma dessas partes é uma **metade**.

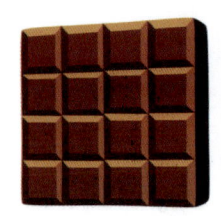

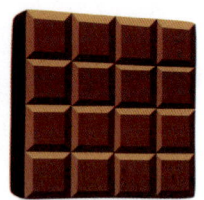

metrô (me.trô)

Metrô é um trem das cidades grandes que leva passageiros de um lugar a outro, passando por debaixo da terra. Às vezes, ele pode passar por cima da terra também.

miado (mi.a.do)

Miado é o som curto e agudo que os gatos fazem. É a voz do gato. Um gato avisa que está com fome ou querendo alguma coisa com seu **miado**.

mínimo (mí.ni.mo)

1 Mínimo quer dizer muito, muito pequeno.

2 Se você vai demorar no **mínimo** uma hora para voltar, não vai demorar menos que isso.

3 Se uma pessoa tem no **mínimo** 50 quilos, ela não pesa menos que isso.

4 O dedo **mínimo** é o menor dedo do pé ou da mão.

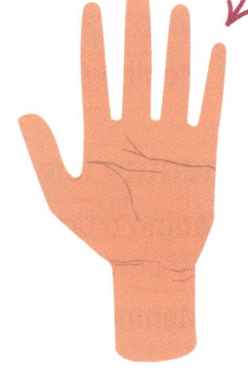

misturar　　　　　　　　　　　molhar

misturar (mis.tu.rar)

1 Misturar é juntar coisas, formando uma coisa nova.

Mamãe mistura farinha de milho com leite para fazer mingau.

2 Misturar é também colocar coisas juntas, mas sem uma ordem.

A professora misturou os papeizinhos com nossos nomes para o sorteio.

mochila (mo.chi.la)

Mochila é um tipo de bolsa com alça que se carrega nas costas.

modo (mo.do)

1 Modo é o jeito de fazer alguma coisa.

O modo certo de fazer esse bolo é bater primeiro as gemas com o açúcar.

2 Quem não tem **modos** não sabe se comportar, não tem educação.

moeda (mo.e.da)

Moeda é uma peça redonda de metal que vale dinheiro.

mola (mo.la)

Mola é um arame que dá voltas sobre si mesmo.

O colchão da minha cama é de molas.

mole (mo.le)

Quando uma coisa é **mole**, podemos apertá-la, amassá-la e dobrá-la sem fazer força. As massinhas de modelar são **moles**.

▶ O contrário de **mole** é duro.

molhar (mo.lhar)

1 Você **molha** uma coisa ou uma pessoa quando joga água ou outro líquido nela.

O copo de suco virou e molhou a mesa.

2 Se você **molha** alguma coisa, você coloca essa coisa num líquido.

Mamãe molhou o algodão no remédio.

molho (mo.lho)

1 Molho é um caldo grosso que se coloca nas comidas para elas ficarem mais gostosas.

*Gosto de macarrão com **molho** de tomate.*

2 Quando alguma coisa fica mergulhada em um líquido qualquer, a gente diz que está de **molho**.

*Coloquei minha camiseta de **molho** na água com sabão para saírem as manchas.*

monstro (mons.tro)

Nas histórias, **monstro** é uma criatura enorme e estranha que assusta muito.

montanha (mon.ta.nha)

Montanha é um morro muito alto e difícil de subir.

montar (mon.tar)

1 Montar é juntar um monte de peças para formar uma coisa.

*As crianças adoram **montar** quebra-cabeças.*
*Titio conseguiu **montar** o armário certinho.*

2 Quando você senta nas costas de um animal, você **monta** nesse animal.

monte (mon.te)

1 Monte é uma terra bem mais alta do que a terra que está em volta.

2 Um **monte** de coisas é uma grande quantidade dessas coisas.

*Paulo tem um **monte** de amigos.*

morar (mo.rar)

O lugar onde está sua casa é onde você **mora**.

morder (mor.der)

Quando você **morde** uma coisa, você usa seus dentes para cortá-la ou para tirar um pedaço dela.

morno (mor.no)

Uma coisa está **morna** quando está só um pouco quente.

*Meu irmão gosta de tomar leite **morno**.*

morrer (mor.**rer**)
Uma pessoa, um animal ou uma planta **morre** quando deixa de viver.

morro (**mor**.ro)
Morro é uma terra mais alta que o resto que está em volta, mas é menor que a montanha.

mostrar (mos.**trar**)
Se você **mostra** alguma coisa para alguém, você faz essa pessoa ver isso.

O homem mostrou para o Cauã onde estava a bola.

motocicleta (mo.to.ci.**cle**.ta)
Uma **motocicleta** tem duas rodas e motor. Ela é usada para levar uma ou duas pessoas de um lugar para outro. As pessoas costumam chamar a **motocicleta** de moto.

motor (mo.**tor**)
Motor é a parte de um carro, de um trem, de um avião e de muitas outras coisas que faz com que eles funcionem.

móvel (**mó**.vel) plural: móveis
Cadeira, mesa, armário são tipos de **móveis**. Os **móveis** servem para que as pessoas se sentem, estudem, descansem, guardem as suas coisas.

mover (mo.**ver**)
Quando você **move** alguma coisa, você a coloca em uma posição ou num lugar diferente de onde ela estava.

Não mova o braço na hora de tomar a injeção.

As aves se movem pelo ar batendo as asas.

movimento (mo.vi.**men**.to)
Quando uma pessoa ou uma coisa se move, ela faz um **movimento**.

mudar (mu.**dar**)
1 Se você **muda** alguma coisa, você faz com que ela fique diferente.

A professora mudou o lugar das mesas na sala.

2 Mudar de roupa é tirar a que você estava usando e vestir outra.

3 Quando você se **muda**, você vai morar em outro lugar.

A família da Maria se mudou para perto da escola.

mudo (mu.do)

Uma pessoa **muda** não consegue falar.

*Meu amigo é **mudo** desde que nasceu.*

muito (mui.to)

1 Muito quer dizer em grande quantidade.

*Minha turma tem **muitos** meninos.*

2 Muito também quer dizer que sentimos uma coisa de um jeito bem forte ou até exagerado.

*O Cauã gosta **muito** de sorvete.*

*Ana ficou com **muito** medo no cinema.*

▶ O contrário de **muito** é pouco.

mulher (mu.lher)

Quando uma menina cresce e fica adulta, ela é chamada de **mulher**.

multidão (mul.ti.dão)

plural: multidões

Multidão é um grupo enorme de pessoas em um só lugar.

mundo (mun.do)

Mundo é o planeta em que vivemos, a Terra.

muro (mu.ro)

Muro é um tipo de parede que fica em volta das casas, dos prédios, dos jardins e dos parques. Ele é feito para proteção ou para separar um lugar do outro.

*O **muro** da minha casa é baixinho.*

museu (mu.seu)

Museu é um lugar onde ficam guardadas e podem ser vistas pinturas, coisas antigas, invenções e outras coisas interessantes e importantes.

*A turma fez um passeio ao **museu** de Ciências.*

música (mú.si.ca)

Música é um conjunto de sons combinados que as pessoas cantam ou tocam em instrumentos.

*Edu sabe tocar bonitas **músicas** no piano.*

Nn

nadar (na.dar)

Nadar é fazer movimentos na água com os braços e as pernas para ir de um lugar a outro.

*Cauã adora **nadar** no rio.*

nascer (nas.cer)

1 Nascer é começar a viver fora da barriga da mãe.

2 Alguns animais **nascem** quando saem da casca do ovo.

3 Uma planta **nasce** quando sai da terra e começa a crescer.

Natal

Natal (Na.tal)

No dia 25 de dezembro, dia de **Natal**, se comemora o nascimento de Jesus Cristo. Nesse dia, as pessoas têm o costume de dar e receber presentes.

natureza (na.tu.**re**.za)

Natureza é tudo que existe no mundo e não foi feito pelas pessoas ou por máquinas. Plantas, animais, seres humanos, montanhas e o clima são partes da **natureza**.

navio (na.**vi**.o)

Navio é um barco grande que anda no mar, nos rios e nos lagos grandes. O **navio** pode levar pessoas e cargas.

negro (**ne**.gro)

1 Uma coisa **negra** tem a cor mais escura que se pode ver.

2 Negro é a pessoa que tem a pele negra.

neném (ne.**ném**)

Neném é uma criança muito, muito novinha. Um **neném** ainda não fala ou não consegue falar direito.

▶ **Neném** é o mesmo que bebê.

nervoso (ner.**vo**.so)

Uma pessoa fica **nervosa** quando está com problemas, preocupada ou com medo de alguma coisa.

Maria ficou nervosa porque os pais chegaram à escola muito tarde.

neto (**ne**.to)

Neto é a pessoa que é filho da filha ou do filho de alguém. Isso quer dizer que você é **neto** do seu avô e da sua avó.

neve (**ne**.ve)

As nuvens são feitas de gotinhas de água. Quando está muito frio, essas gotinhas viram gelo e caem na terra em pedacinhos brancos chamados de **neve**.

ninho (ni.nho)

Ninho é o lugar escolhido por alguns animais para colocar seus ovos ou para criar seus filhotes.

nó

Nó é um laço apertado feito com dois ou mais fios.

noite (noi.te)

Quando é **noite**, o Sol desaparece e o céu fica escuro e, muitas vezes, cheio de estrelas. A **noite** termina quando o céu fica claro novamente. A maioria das pessoas dorme durante a **noite**.

🔍 Ver ilustração na página 184 e quadro na página 187.

noivo (noi.vo)

1 Uma pessoa fica **noiva** de outra porque elas querem se casar.

2 No dia do casamento, o homem e a mulher que vão casar são chamados de **noivos**.

No casamento, a noiva usava vestido branco, e o noivo, terno.

nome (no.me)

Nome é a palavra que usamos para falar de uma pessoa, um bicho, um lugar ou uma coisa. Todas as coisas têm um **nome**.

Meu nome é Cauã.
O nome da capital do Brasil é Brasília.

nota (no.ta)

1 Nota é um pedaço de papel que vale dinheiro.

Mamãe me deu uma nota de dez reais!

2 Nota é um número que as pessoas usam para dizer se uma coisa é boa, ruim, mais ou menos. Quanto melhor a coisa, maior é a **nota**.

A nota da minha prova foi dez.
A atleta tirou nota nove na apresentação.

3 Nota é um sinal que representa um som numa música.

As notas musicais são dó, ré, mi, fá, sol, lá, si.

novo

novo (**no**.vo)

1 Uma coisa **nova** nunca foi usada antes.

Maria usou sua roupa nova na festa.

2 Uma pessoa **nova** tem poucos anos de vida.

3 Se uma coisa acontece **de novo**, ela acontece mais uma vez.

Raquel gostou tanto do bolo que quis comer de novo.

▶ Em 1, o contrário de **novo** é antigo.

nu

Uma pessoa está **nua** quando ela está sem roupa.

nuvem

número (**nú**.me.ro)

Os **números** servem para contar coisas ou pessoas.

1, 2 e 3 são números.

🔍 Ver quadro na página 186.

nuvem (**nu**.vem)

As **nuvens** são feitas de gotas muito pequenas de água, que às vezes caem como chuva. Você pode ver **nuvens** brancas ou de cor cinza flutuando no céu.

Oo

obediente (o.be.di.en.te)
Uma pessoa ou um animal **obediente** faz sempre o que os outros pedem.

obrigado (o.bri.ga.do)
As pessoas dizem "**obrigado**" para agradecer a alguém por alguma coisa que fizeram ou deram a ela.

*Ana ganhou uma bala da avó e disse **obrigada**.*

observar (ob.ser.var)
Quando você **observa** uma coisa, você olha para ela com muita atenção.

*Edu gosta de **observar** os pássaros.*

oca (o.ca)
Oca é a casa onde moram os índios. A **oca** geralmente é feita de madeira e palha.

oceano (o.ce.a.no)
Oceano é um mar muito, muito grande. O Brasil é banhado pelo **oceano** Atlântico.

oco (o.co)
Uma coisa **oca** é vazia por dentro.

*O tronco da árvore era **oco** e o pica-pau fez ali o seu ninho.*

óculos

óculos (ó.cu.los)

Os **óculos** são feitos com dois pedaços de vidro, chamados de lentes, presos um ao lado do outro para que possam ficar bem em frente aos olhos. Eles servem para ajudar as pessoas a enxergar melhor ou para proteger os olhos delas.

olhar (o.lhar)

Quando você **olha** uma coisa, você dirige seus olhos para onde ela está.

Gritaram meu nome e eu olhei para ver quem era.

onda (on.da)

Onda é uma porção de água que se levanta e agita o mar, o rio ou o lago.

osso

ônibus (ô.ni.bus)

Ônibus é um veículo grande com muitos lugares para sentar. O **ônibus** leva as pessoas de um lugar para outro.

Vou de ônibus para a escola.

ontem (on.tem)

O que aconteceu **ontem** aconteceu no dia que veio antes do dia de hoje.

Comecei a ler uma revista ontem e só terminei hoje.

🔍 Ver quadro na página 187.

orelha (o.re.lha)

Você tem uma **orelha** em cada lado da sua cabeça. É por elas que entram os sons que ouvimos. Há animais que têm **orelhas** muito compridas.

🔍 Ver ilustração na página 164.

osso (os.so)

Osso é cada uma das partes que formam o esqueleto.

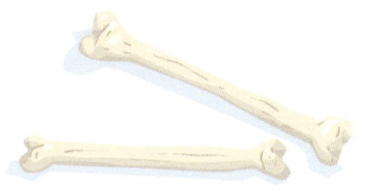

ótimo

ótimo (**ó**.ti.mo)
O que é **ótimo** é bom demais.
*Mamãe fez uma comida **ótima**.*

ouro (**ou**.ro)
Ouro é um metal amarelo e brilhante muito caro. Muitas joias são feitas de **ouro**.
*Ganhei um brinco de **ouro**.*

outono (ou.**to**.no)
Outono é a estação do ano que vem depois do verão e antes do inverno. No **outono**, a temperatura esfria um pouco, e as folhas de algumas árvores caem.

ouvido (ou.**vi**.do)
Ouvido é o sentido pelo qual você ouve os sons que entram pelas suas orelhas. Os cães têm um excelente **ouvido**, por isso percebem sons que nós humanos não conseguimos perceber.

ovo

ouvir (ou.**vir**)
Se você **ouve** uma coisa, você percebe o som que ela faz.
*Akira não conseguia **ouvir** bem a música.*

ovo (**o**.vo)
1 Os filhotes de pássaros, de serpentes, de peixes e de insetos nascem dos **ovos** que suas mães põem.

2 Ovos também servem de alimento para as pessoas.

Pp

pá

A **pá** é usada para fazer buracos na terra e para pegar o lixo.

padrasto (pa.**dras**.to)

Quando uma mulher tem filhos e se casa de novo, o novo marido dela passa a ser o **padrasto** dos filhos que ela tinha.

pagar (pa.**gar**)

Pagar é dar dinheiro para uma pessoa por uma coisa que você comprou.

página (**pá**.gi.na)

Página é um dos lados da folha de um caderno, de um livro, de uma revista ou de um jornal.

O livro que estou lendo tem 112 páginas.

pai   pão

pai

Quando um homem tem um ou mais filhos, ele é o **pai** deles.

▶ **Pai** é o mesmo que papai.

país (pa.**ís**)

País é um lugar que tem seu próprio povo, sua própria língua e suas próprias leis.

*O nome do **país** onde vivemos é Brasil.*

palácio (pa.**lá**.cio)

Palácio é uma casa muito grande e luxuosa. Reis, rainhas e outras pessoas importantes moram em **palácios**.

*Os convidados foram ao **palácio** para o casamento da princesa.*

palavra (pa.**la**.vra)

Para falar ou escrever, usamos **palavras**. Uma **palavra** é formada por uma ou mais letras. Quando escrevemos as **palavras**, deixamos um espaço entre cada uma delas.

palhaço (pa.**lha**.ço)

O **palhaço** faz coisas engraçadas para as pessoas rirem. Os **palhaços** pintam o rosto e vestem roupas coloridas.

🔍 Ver ilustração na página 182.

palmeira (pal.**mei**.ra)

Palmeira é uma árvore muito alta que cresce em países quentes.
A **palmeira** tem as folhas grandes, mas não tem galhos.

*O coqueiro é um tipo de **palmeira**.*

pancada (pan.**ca**.da)

Pancada é uma batida forte de uma coisa em outra.

*A motocicleta saiu da pista e deu uma **pancada** no poste.*

pão plural: pães

Pão é um alimento feito com farinha e assado em um forno.

papagaio (pa.pa.gai.o)

1 Papagaio é um pássaro que tem a maior parte de suas penas na cor verde. Ele sabe imitar sons e o que as pessoas falam.

2 Papagaio também é um brinquedo que voa com a força do vento. Ele é feito com um papel muito fino, varetas e linha.

▶ Em 2, **papagaio** é o mesmo que pipa, cafifa e arraia.

papai (pa.pai)

Papai é um outro jeito de dizer pai.

papel (pa.pel) plural: papéis

O **papel** é feito de fibras, uns fiozinhos que todas as plantas têm. Ele serve para a gente escrever, desenhar e embrulhar coisas. Livros, jornais e revistas são feitos de **papel**.

par

1 Duas coisas iguais formam um **par**. Temos **pares** em muitas partes do nosso corpo: olhos, orelhas, braços, mãos, pernas e pés.

2 Duas pessoas que dançam juntas formam um **par**.

3 Os números 2, 4, 6 e 8 e os que terminam em 0, 2, 4, 6 e 8 são chamados de números **pares**.

▶ Em 3, o contrário de **par** é ímpar.

parabéns (pa.ra.béns)

As pessoas dizem "**parabéns**" para quem faz aniversário, passa de ano, ganha uma competição ou faz uma coisa muito boa.

*Eu tirei uma nota boa na prova, e papai me deu **parabéns**.*

parado (pa.ra.do)

Uma coisa está **parada** se ela não está se movendo.

*Fique **parado** para tirar a fotografia.*

paraquedas (pa.ra.que.das)

O **paraquedas** é feito de tecido e cordas. Ele é usado preso ao corpo de uma pessoa e serve para diminuir a velocidade da queda de quem salta de um avião que está voando.

parar (pa.rar)

Uma pessoa **para** quando deixa de fazer uma coisa que estava fazendo.

*Fiquei cansado e **parei** de correr.*

parede (pa.re.de)

Uma **parede** quase sempre é feita de tijolos. O que separa a sala, os quartos, a cozinha, os banheiros e qualquer lugar de uma casa são as **paredes**.

Meu pai pendurou os quadros na parede da sala.

parente (pa.ren.te)

Seus **parentes** são as pessoas da sua família. Tios, avós, pais, primos e irmãos são **parentes**.

parque (par.que)

1 Parque é um lugar dentro da cidade com grama, plantas e árvores, onde as pessoas passeiam, descansam e se divertem.

2 Parque de diversão é um lugar com vários brinquedos, como roda-gigante e montanha-russa, onde as pessoas vão para se divertir.

parte (par.te)

Parte é um pedaço de alguma coisa. Seu braço é uma **parte** do seu corpo. Um computador tem muitas **partes**.

partir (par.tir)

1 Partir é dividir uma coisa em pedaços ou partes.

Meu pai partiu a pizza e serviu todo mundo.

2 Partir também é ir embora de um lugar.

pássaro (pás.sa.ro)

Pássaro é um animal que tem penas e bico. Ele é uma ave pequena que voa e canta. **Pássaros** bem pequenos nós chamamos de passarinhos.

🔍 Ver ilustração na página 168.

passear (pas.se.ar)

Passear é ir a um lugar para se divertir.

pata (pa.ta)

1 Pata é o pé de um animal, como o gato, o pinguim ou o sapo.

2 Pata é a fêmea do pato.

patins (pa.tins)

Patins são um tipo de sapato com rodas na parte de baixo para que as pessoas deslizem sobre o chão. Também há **patins** com um pedaço de metal no lugar das rodas, para serem usados no gelo.

pato (pa.to)

Pato é uma ave que anda, nada e voa. Ele vive sempre perto da água.

pé

1 O **pé** fica no final da perna. Ele serve para as pessoas andarem.

🔍 Ver ilustração na página 164.

2 **Pé** também é um jeito diferente de chamar uma planta ou árvore que dá frutos ou certas verduras.

*Vovô tem muitos **pés** de alface na sua horta.*

pedaço (pe.da.ço)

Pedaço é uma parte de uma coisa.
*Cauã ganhou um **pedaço** do bolo.*

pedir (pe.dir)

Você **pede** alguma coisa para uma pessoa quando fala para ela o que você quer.

*A menina **pediu** uma bicicleta para a mãe.*

pedra (pe.dra)

1 **Pedra** é uma coisa muito dura e pesada, de muitas formas e tamanhos diferentes. A **pedra** é encontrada na terra e é muito usada para construir casas e prédios.

2 Também é **pedra** o que é muito duro, como uma **pedra** de gelo.

3 Uma **pedra** preciosa vale muito dinheiro e costuma ser usada em joias.

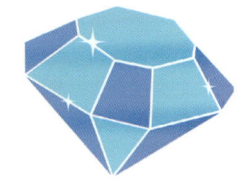

pegar (pe.gar)

1 Quando você **pega** uma coisa, você segura essa coisa com suas mãos.

Eu pego a caneta com a mão direita.

2 Pegar ônibus, trem, metrô, táxi, avião ou barco é entrar nele para ir a algum lugar.

Pegamos um táxi para ir à festa.

3 Pegar é também buscar uma pessoa em algum lugar.

Meu avô foi me pegar na aula de balé.

peito (pei.to)

Peito é a parte da frente de seu corpo, entre o pescoço e a barriga.

🔍 Ver ilustração na página 164.

peixe (pei.xe)

Peixe é um animal que vive debaixo da água. Para ele se movimentar, usa as nadadeiras e a cauda. A maior parte dos **peixes** tem o corpo coberto de escamas.

🔍 Ver ilustração na página 168.

pele (pe.le)

A **pele** cobre o lado de fora do seu corpo. Os animais têm muitos tipos diferentes de **pele**. Algumas frutas e alguns vegetais também têm **pele**.

pelo (pe.lo)

1 Pelo é um fio que cresce sobre a nossa pele. Os que crescem no alto da nossa cabeça chamamos de cabelo. No rosto dos homens, os **pelos** são chamados de barba e bigode.

2 Pelo também é um fio grosso que cobre o corpo dos animais. Ursos, coelhos e gatos têm **pelos**.

pena (pe.na)

1 O corpo dos pássaros é coberto de **penas**.

2 Se você sente **pena** de alguém, você fica triste por uma coisa que aconteceu com essa pessoa.

Fiquei com pena do meu irmão porque ele caiu.

pendurar (pen.du.rar)

Pendurar é prender uma coisa no alto.

*Papai **pendurou** as toalhas molhadas.*

*Meu vizinho **pendurou** a bicicleta na garagem.*

pensar (pen.sar)

Quando as pessoas **pensam**, elas entendem as coisas, têm ideias, opiniões e podem se lembrar de muitas coisas.

*Antes de mexer a peça do jogo, Akira **pensou** um pouco para não errar.*

pente (pen.te)

O **pente** serve para arrumar o cabelo.

*Maria comprou um **pente** novo para arrumar seu cabelo.*

pentear (pen.te.ar)

Pentear é arrumar os cabelos com pente ou escova.

pequeno (pe.que.no)

1 Uma coisa é **pequena** quando tem um tamanho menor do que o de outras coisas.

*O camundongo é um rato **pequeno**.*

*A areia é formada por pedaços de pedras e conchas muito **pequenos**.*

2 Quando alguém diz que você ainda é **pequeno**, é porque você ainda é uma criança.

*Mamãe diz que não posso sair sozinho porque sou **pequeno**.*

▶ O contrário de **pequeno** é grande.

perder (per.der)

1 Quando você **perde** uma coisa, você não sabe mais onde ela está.

*Ana acha que **perdeu** o caderno na escola.*

2 Você **perde** um ônibus quando não chega na hora certa para entrar nele.

3 Perder uma coisa é também deixar de ter essa coisa.

*Algumas árvores **perdem** as folhas no outono.*

4 Você **perde** um jogo quando quem estava jogando contra você faz mais pontos.

▶ Em 3 e 4, o contrário de **perder** é ganhar.

perdido (per.di.do)

Se você está **perdido**, você não sabe como voltar para o lugar de onde saiu.

*Os estudantes ficaram **perdidos** na mata, mas foram encontrados pelo guia.*

perfeito pião

perfeito (per.**fei**.to)

Uma coisa **perfeita** não tem nenhum defeito.

*Meu desenho ficou **perfeito**.*

perguntar (per.gun.**tar**)

Se você **pergunta** uma coisa a alguém, é porque você quer saber alguma coisa ou quer ver se a pessoa sabe a resposta.

*"Quando é a festa?", **perguntou** Ana.*

*O professor **perguntou** para o Cauã qual é a terceira letra do alfabeto.*

perigo (pe.**ri**.go)

Perigo é uma coisa ruim que pode acontecer.

*Empinar papagaio perto da rede elétrica é um **perigo**.*

perna (**per**.na)

Perna é uma parte do corpo das pessoas e de alguns animais. Com o movimento das **pernas** é que se consegue andar.

🔍 Ver ilustração na página 164.

pesado (pe.**sa**.do)

Uma coisa **pesada** é difícil de carregar ou de levantar porque precisamos fazer muita força.

*A bolsa da minha mãe é muito **pesada**.*

▶ O contrário de **pesado** é leve.

pescar (pes.**car**)

Pescar é pegar um peixe com anzol ou rede e puxá-lo para fora da água.

péssimo (**pés**.si.mo)

O que é **péssimo** é muito ruim, tão ruim que parece não existir nada pior.

*Esse sorvete está **péssimo**, tem um gosto horrível.*

pessoa (pes.**so**.a)

Homens, mulheres e crianças são **pessoas**.

pião (pi.**ão**) plural: piões

Pião é um brinquedo. Ele parece uma gota de cabeça para baixo. A ponta do **pião** fica virada para o chão, e ele roda quando você puxa uma cordinha.

pinça

pinça (pin.ça)

Com a **pinça** nós podemos pegar ou arrancar coisas que com os dedos não conseguimos.

Mamãe tirou com uma pinça o pedacinho de madeira que entrou no meu dedo.

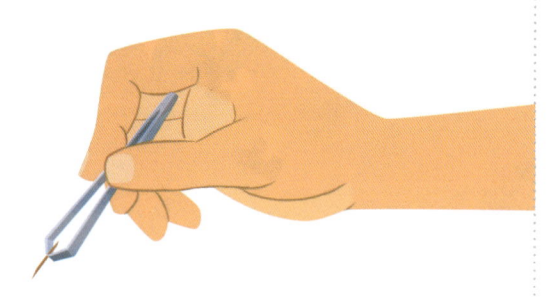

pincel (pin.cel)
plural: pincéis

Pincel é um monte de pelos juntos presos numa das pontas de um cabo. Usamos o **pincel** para pintar.

pingo (pin.go)

Pingo é um pouquinho de água ou outro líquido que cai de algum lugar.

Os pingos da chuva estão bem grossos.

▶ **Pingo** é o mesmo que gota.

pintar (pin.tar)

1 Pintar um desenho é usar canetinha, lápis de cor ou tinta para ele ficar colorido.

2 Pintar é também passar tinta. Podemos **pintar** paredes, mas também os cabelos, as unhas e o corpo.

3 Pintar também é criar imagens usando desenhos e cores. Podemos **pintar** quadros, gravuras, retratos.

Raquel gosta de pintar paisagens.

pior (pi.or)

Quando uma coisa é **pior** que outra, é porque ela é muito mais ruim que a outra.

Essa história é pior do que a que você contou ontem.

Este foi o pior jogo do time.

▶ O contrário de **pior** é melhor.

pipa   planta

pipa (**pi**.pa)

Pipa é um brinquedo. Ela é feita de varinhas amarradas e cobertas com um papel muito fino. A **pipa** fica amarrada a um pedaço de linha muito comprido e pode voar bem alto no céu.

▶ **Pipa** é o mesmo que papagaio.

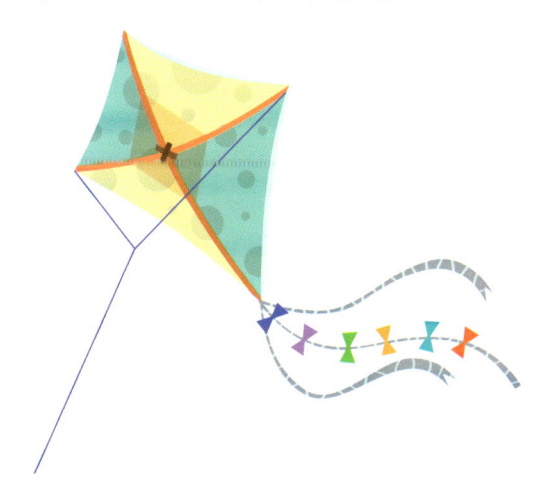

pipoca (pi.**po**.ca)

Pipoca é um alimento feito com grãos de milho. Quando a gente esquenta esses grãos no fogo, eles estouram e ficam branquinhos.

Sempre que vou ao cinema, eu como pipoca.

pisar (pi.**sar**)

1 Pisar é colocar o pé em cima de uma coisa.

O copo quebrou aqui, cuidado para não pisar e se machucar!

2 Pisar é também andar em cima de alguma coisa.

Na casa da minha prima, ninguém podia pisar no chão com os pés sujos.

piscar (pis.**car**)

Piscar é abrir e fechar os olhos muito rápido.

piscina (pis.**ci**.na)

A **piscina** é feita para as pessoas mergulharem e nadarem. Ela é construída no chão, é funda e cheia de água.

planeta (pla.**ne**.ta)

A Terra é o **planeta** onde vivemos. Ele gira em torno do Sol. Existem outros sete **planetas** que também giram em torno do Sol: Mercúrio, Vênus, Marte, Júpiter, Saturno, Urano e Netuno. Todos eles pertencem ao Sistema Solar.

planta (**plan**.ta)

1 As **plantas** vivem na terra e precisam da luz do Sol e de água para viver. Elas têm raiz, caule e folhas, algumas dão flores e frutos.

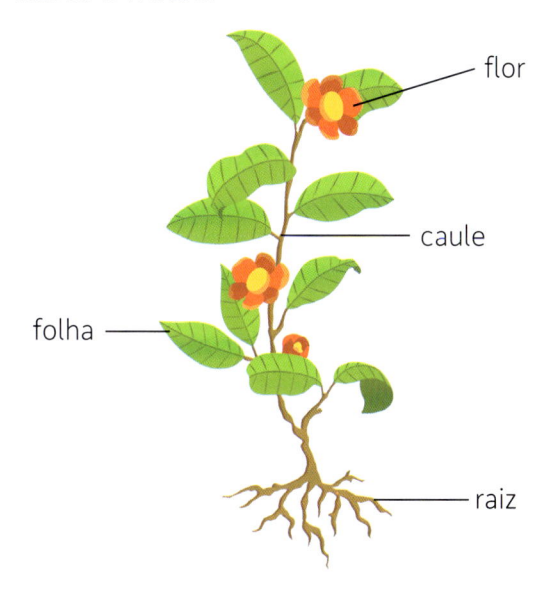

2 A **planta** do pé é a parte de baixo do nosso pé.

pneu

pneu

Os **pneus** são redondos, de borracha e cobrem as rodas dos carros, das bicicletas, dos ônibus e dos caminhões.

Mamãe está enchendo de ar o pneu do nosso carro.

pó

1 Pó é uma sujeira seca e muito fina que fica no ar ou sobre as coisas.

Quando voltamos de viagem, a casa estava cheia de pó.

2 Se você mói alguma coisa dura, como o grão do café, ele vira **pó**.

▶ Em 1, **pó** é o mesmo que poeira.

pobre (po.bre)

Pobre é uma pessoa que tem pouco ou quase nenhum dinheiro.

▶ O contrário de **pobre** é rico.

poder (po.der)

1 Se você **pode** fazer uma coisa, você consegue fazê-la.

Leve o seu prato até a cozinha, isso você pode fazer.

2 Se uma coisa **pode** acontecer, provavelmente ela vai acontecer.

Hoje à tarde pode chover.

3 Se um adulto diz que você **pode** fazer uma coisa, é porque ele deixou você fazer isso.

Eu só posso brincar depois que terminar de comer.

poluição

podre (po.dre)

Uma coisa está **podre** quando está estragada e cheirando muito mal.

poeira (po.ei.ra)

Poeira é o mesmo que pó.

polícia (po.lí.cia)

Polícia são as pessoas que devem cuidar da ordem e da segurança da cidade e das pessoas, fazendo com que todos cumpram a lei.

poltrona (pol.tro.na)

Poltrona é uma cadeira grande e macia, que tem braços.

O vovô gosta de ler na poltrona.

poluição (po.lu.i.ção)
plural: poluições

Poluição é a sujeira que deixa o ar e a água impuros. A fumaça dos ônibus é um tipo de **poluição**.

ponta

ponta (pon.ta)

1 A **ponta** de uma coisa é a parte que fica no fim dessa coisa.

*Na **ponta** dos nossos pés ficam os dedos.*

*As bailarinas dançam na **ponta** dos pés.*

2 Também chamamos de **ponta** o lado fino e às vezes afiado das coisas.

*A **ponta** da agulha furou o dedo da mamãe.*

*A **ponta** do lápis quebrou enquanto eu desenhava.*

ponte (pon.te)

Pontes são construções que passam por cima de rios, estradas ou de avenidas para que pessoas e veículos possam atravessar de um lado para o outro.

ponto (pon.to)

1 Ponto é uma marquinha redonda e pequena.

*A letra "i" tem um **ponto** em cima.*

2 Ponto é um sinal usado no final das frases.

🔍 Ver quadro na página 186.

3 A gente dá **pontos** para costurar alguma roupa.

4 Ponto é também o lugar em que o ônibus ou o táxi para.

5 Em alguns jogos ou competições, os atletas ganham **pontos** quando acertam uma jogada. Quem fizer mais **pontos** vence no final.

população (po.pu.la.ção)

plural: populações

As pessoas que moram em um lugar são a **população** desse lugar.

porta (por.ta)

Porta é uma abertura na parede por onde as pessoas entram ou saem de um lugar. As **portas** podem ser de madeira, metal ou vidro. Carros, trens e armários também têm **portas**.

porto (por.to)

Porto é o lugar onde param navios ou barcos para pegar ou deixar passageiros e cargas.

pote (po.te)

Um **pote** serve para guardar alimentos, líquidos, cremes e muitas outras coisas. Os **potes** costumam ter tampas e podem ter vários formatos.

pouco (pou.co)

1 Pouco significa uma pequena quantidade de pessoas ou de coisas.

*Vieram **poucos** convidados à festa.*
*Papai só me deu um **pouco** de bolo.*

2 Pouco também é quando alguma coisa acontece de um jeito bem fraco.

*Minha cabeça doeu um **pouco**, mas depois passou.*

▶ O contrário de **pouco** é muito.

praia (prai.a)

Praia é um lugar com areia na beira de mares, rios, lagoas e ilhas.

*Nas férias, sempre vamos à **praia**.*

prateleira

prateleira (pra.te.**lei**.ra)

Prateleira é um pedaço de madeira, metal ou plástico preso em parede, armário ou estante para apoiar coisas.

*Encontrei o chocolate que eu queria em uma **prateleira** do supermercado.*

prato (**pra**.to)

Prato é onde se coloca a comida para a gente comer. Existem pratos rasos, fundos e de sobremesa.

precisar (pre.ci.**sar**)

1 Se você **precisa** fazer uma coisa, você não pode deixar de fazer isso de jeito nenhum.

*Você **precisa** olhar para os lados antes de atravessar a rua.*

2 Se você **precisa** de uma coisa, você não pode ficar sem essa coisa.

*Todas as pessoas **precisam** de água para viver.*

preço (**pre**.ço)

Preço é a quantidade de dinheiro que você tem que pagar para comprar alguma coisa.

preguiça

prédio (**pré**.dio)

Prédio é uma construção com muitos andares. Nos andares existem apartamentos onde as pessoas moram ou salas onde elas trabalham.

*Eu moro em um **prédio** de dez andares.*

▶ **Prédio** é o mesmo que edifício.

preferir (pre.fe.**rir**)

Se você **prefere** uma coisa, é porque você gosta mais dela do que de outra.

*Mamãe fez vários sucos, mas eu **prefiro** o suco de laranja.*

preguiça (pre.**gui**.ça)

1 Se você está com **preguiça**, você não tem vontade de fazer nada.

*Titio estava com **preguiça** de sair de casa.*

2 Preguiça é também o nome de um bicho que vive nas árvores e tem movimentos lentos.

prender (pren.der)

1 Prender uma pessoa ou um bicho é colocá-lo num lugar de onde ele não pode sair.

Prendi meu cachorro no quintal para ele não entrar na sala.

2 Prender é também juntar uma coisa a outra de um jeito difícil de soltar.

O Akira prendeu os cartazes na parede.

presente (pre.sen.te)

1 Presente é uma coisa que você ganha de alguém. As pessoas costumam ganhar **presentes** no aniversário.

2 Presente significa o tempo que estamos vivendo agora e as coisas que estão acontecendo agora.

pressa (pres.sa)

Se você está com **pressa**, você quer fazer as coisas bem rápido para não perder tempo.

Fomos ao supermercado e estávamos com pressa para voltar logo.

preto (pre.to)

Preto é a cor do carvão.

🔍 Ver ilustração na página 185.

primavera (pri.ma.ve.ra)

Primavera é a estação do ano entre o inverno e o verão. É na **primavera** que nascem muitas flores e as plantas ficam mais belas.

primo (pri.mo)

Os filhos dos seus tios são seus **primos**.

princesa (prin.ce.sa)

A mulher de um príncipe ou a filha de um rei ou de uma rainha é uma **princesa**.

principal (prin.ci.pal)

plural: principais

As pessoas dizem que uma pessoa ou coisa é **principal** quando ela é a mais importante.

Um menino era o ator principal do filme a que assisti.

príncipe (prín.ci.pe)
O filho de um rei ou de uma rainha é um **príncipe**.

problema (pro.ble.ma)
Se você tem um **problema**, você tem uma coisa difícil para resolver.

procurar (pro.cu.rar)
Para **procurar** uma coisa, você olha e mexe nos lugares até encontrá-la.

Raquel está procurando o sapato que o cachorro escondeu.

professor (pro.fes.sor)
Professor é a pessoa que ensina e dá aula para os alunos.

proibido (pro.i.bi.do)
Coisas **proibidas** são aquelas que a gente não pode fazer.

É proibido pisar na grama.

proteger (pro.te.ger)
1 Proteger é defender alguém ou alguma coisa de um perigo ou de um problema.

O capacete protege a minha cabeça quando eu ando de patins.

2 Proteger é também tratar de forma especial uma pessoa.

A avó do Akira gosta muito dele, por isso ela o protege.

pular (pu.lar)
1 Uma pessoa **pula** quando move o seu corpo para cima, tirando os dois pés do chão.

Vamos pular corda na hora do recreio?

2 Pular é também passar por cima de alguma coisa para ir para o outro lado ou ir de um lugar mais alto para um mais baixo.

O gato pulou o muro para fugir do cachorro.

O atleta pulou do trampolim.

▶ **Pular** é o mesmo que saltar.

puro (pu.ro)
1 Uma coisa é **pura** quando não tem nada misturado com ela.

O gato gosta de beber leite puro.
Lá no sítio o ar é puro.

2 Uma pessoa **pura** é uma pessoa inocente, boa.

puxar (pu.xar)
Quando você **puxa** alguma coisa, você a segura e traz para perto de você.

123

Qq

quadro (qua.dro)

Quadro é um desenho pintado em pano, papel ou madeira. Os **quadros** quase sempre ficam pendurados na parede.

quarto (quar.to)

Quarto é o lugar da casa onde as pessoas dormem.

quebrar (que.brar)

1 Quando uma coisa se **quebra**, ela fica em pedaços.

O copo caiu da mão de Ana e quebrou.

2 Uma coisa está **quebrada** quando ela para de funcionar.

O carro do meu pai quebrou, ele não liga mais.

quente (quen.te)

Uma coisa **quente** pode queimar se você encostar nela. Quando o dia está **quente**, as pessoas sentem muito calor.

▶ O contrário de **quente** é frio.

querer (que.rer)

Querer é sentir vontade de ter ou fazer uma coisa.

O que você quer de aniversário?

Minha prima quer fazer um bolo para as amigas.

querido

querido (que.ri.do)

1 Uma pessoa é **querida** quando gostamos muito dela.

Paula é a amiga mais querida da minha irmã.

2 As pessoas costumam chamar os outros de **querido** para mostrar carinho por eles.

Querida, vamos sair amanhã?

quicar (qui.car)

Quando a bola **quica**, ela bate em algum lugar e pula.

quintal

quieto (qui.e.to)

Quando a gente fica tranquilo, sem se mexer muito e não faz barulho, a gente está **quieto**.

Por que você está tão quieto?

quintal (quin.tal) plural: quintais

Quintal é uma parte da casa que não é coberta e fica atrás ou ao lado dela.

No quintal, podemos pendurar roupas para secar, ter plantas, e as crianças podem brincar.

Rr

rabo (ra.bo)

Rabo é o que fica na parte de trás do corpo de alguns animais.

Meu cachorro está sempre abanando o rabo para mim.

rainha (ra.i.nha)

1 Rainha é uma mulher que governa um reino.

2 A mulher de um rei também é chamada de **rainha**.

raiva (rai.va)

Quando as pessoas estão com **raiva**, elas estão muito chateadas e zangadas com alguém ou com alguma coisa que aconteceu.

raiz (ra.iz)

Raiz é a parte da planta que cresce embaixo da terra. As **raízes** tiram da terra água e tudo o que é necessário para as plantas viverem.

Ver ilustração no verbete *árvore*.

rapaz (ra.paz)

Rapaz é um menino que cresceu e já é um adolescente, mas ainda não é um homem.

rápido (rá.pi.do)

1 Uma pessoa é **rápida** quando faz muita coisa em pouco tempo.
Raquel foi muito rápida, fez toda a lição de casa antes do jantar.

2 Rápido também é o que dura pouco tempo.
Fiz uma visita rápida à vovó.

3 Rápido quer dizer com velocidade.
Será que essa fila não pode andar mais rápido?

rasgar

rasgar (ras.gar)

Rasgar é cortar ou dividir em pedaços.

*Akira caiu da bicicleta e **rasgou** a bermuda.*

*A professora **rasgou** os papéis velhos.*

raso (ra.so)

Uma coisa é **rasa** quando tem pouca altura. Quando uma piscina é **rasa**, você consegue colocar os pés no fundo dela sem ficar com o corpo todo dentro da água.

*Eu como salada num prato **raso**.*

▶ O contrário de **raso** é fundo.

real (re.al) plural: reais

1 Uma coisa que existe de verdade é **real**.

2 Real também quer dizer que é do rei ou da rainha.

*A coroa **real** é de ouro.*

3 Real é o nome do dinheiro usado no Brasil.

rede

receber (re.ce.ber)

Se alguém entrega a você uma coisa, você **recebe** essa coisa.

*Minha amiga **recebeu** da Ana um convite para a festa.*

***Recebemos** a televisão que compramos ontem à tarde.*

recreio (re.crei.o)

Recreio é quando a gente brinca entre uma aula e outra na escola.

rede (re.de)

1 As **redes** são feitas de fios cruzados. Algumas **redes** servem para pescar e caçar, e outras são usadas em alguns esportes. No vôlei, por exemplo, a **rede** divide a quadra em dois lados, e, no futebol, ela fica no gol.

2 A **rede** de dormir é um pano grosso e forte que a gente pendura quando quer dormir ou descansar.

refrigerante

refrigerante (re.fri.ge.**ran**.te)

Refrigerante é uma bebida doce e com gás.

regra (**re**.gra)

As **regras** dizem o que podemos e o que não podemos fazer. Existem **regras**, por exemplo, nos jogos, nas escolas e nos esportes.

Está escrito nas regras da escola que os alunos não podem correr pela sala de aula.

A regra diz que a pessoa que fizer mais pontos ganha o jogo.

régua (**ré**.gua)

A gente usa a **régua** para medir o comprimento das coisas e para fazer linhas retas.

rei

Rei é a pessoa mais importante de um reino, e todos devem obedecer a ele.

reino (**rei**.no)

Reino é um país governado por um rei ou por uma rainha.

relâmpago (re.**lâm**.pa.go)

Relâmpago é um clarão que surge no céu de repente e vem seguido do som de um trovão.

residência

relógio (re.**ló**.gio)

Os **relógios** servem para marcar o tempo e indicar as horas, os minutos e os segundos. Existem vários tipos de **relógio**, como os de pulso, digital, de parede e de bolso.

remédio (re.**mé**.dio)

Remédio é o que as pessoas tomam quando estão doentes para ficar bem.

repetir (re.pe.**tir**)

Repetir é dizer ou fazer alguma coisa de novo.

Repeti duas vezes o número do telefone para ele não esquecer.

resfriado (res.fri.a.do)

Resfriado é uma doença que faz as pessoas espirrarem, terem tosse e dor de garganta.

residência (re.si.**dên**.cia)

Residência é o lugar onde você mora.

Qual é o endereço de sua residência?

▶ **Residência** é o mesmo que casa.

resolver (re.sol.ver)

1 Quando nós **resolvemos** um problema, encontramos a solução para ele.

Meu colega resolveu a questão de matemática com facilidade.

2 Resolver é decidir fazer alguma coisa.

Eles resolveram ir à praia nas férias.

respeitar (res.pei.tar)

1 Respeitar é demonstrar consideração por alguém ou alguma coisa.

Eu respeito a opinião das outras pessoas.

2 Respeitar é também obedecer.

Os motoristas respeitam as leis do trânsito.

resposta (res.pos.ta)

Resposta é o que você diz quando alguém faz uma pergunta para você.

resto (res.to)

Resto é o que sobra de alguma coisa.

Ana comeu o resto do bolo sozinha.

retrato (re.tra.to)

Retrato é a fotografia de alguém ou de alguma coisa. Também podemos fazer um **retrato** desenhando a imagem de uma pessoa.

reunião (re.u.ni.ão) plural: reuniões

Reunião é o encontro de muitas pessoas para falar sobre alguma coisa.

Ontem teve reunião de pais na minha escola.

rico (ri.co)

Rico é uma pessoa que tem muito dinheiro.

▶ O contrário de **rico** é pobre.

rio (ri.o)

Rio é uma porção de água que corre pela terra e vai na direção do mar ou de outro **rio**.

rir

Rir é sorrir porque você está contente ou porque achou alguma coisa engraçada. Quando as pessoas **riem**, às vezes fazem alguns ruídos, outras vezes, não.

RÁ RÁ RÁ

risco (ris.co)

Risco é um traço que se faz com lápis, caneta, pincel ou com qualquer coisa de ponta fina.

A criancinha fez uns riscos na parede.

robô (ro.bô)

Robô é uma máquina controlada por computador. **Robôs** podem se mexer e fazer algumas coisas que são feitas pelas pessoas.

Muitos carros são montados por robôs.

roda (ro.da)

1 Roda é uma peça redonda que gira para movimentar carros, carroças, caminhões, bicicletas.

2 Roda também é um grupo de pessoas que se arrumam em forma de círculo.

A professora pediu que a gente formasse uma roda.

rolar (ro.lar)

Rolar é cair dando voltas.

A bola rolou pela ladeira.

rosnar (ros.nar)

Quando um bicho **rosna**, ele faz um som forte que vem da garganta. Os bichos **rosnam** e muitas vezes mostram os dentes quando estão irritados.

O cachorro rosnou quando viu o menino.

rosto (ros.to)

Rosto é a parte da frente da cabeça das pessoas, onde ficam os olhos, o nariz e a boca.

▶ **Rosto** é o mesmo que cara.

🔍 Ver ilustração na página 164.

roubar (rou.bar)

Roubar é pegar uma coisa que é de outra pessoa, sem ela deixar ou saber disso.

roupa (rou.pa)

As **roupas** quase sempre são feitas de panos e servem para cobrir ou enfeitar o corpo das pessoas. Calças, saias e blusas são alguns tipos de **roupas**.

🔎 Ver ilustração na página 166.

rua (ru.a)

Rua é um caminho dentro das cidades por onde as pessoas andam e por onde passam carros, ônibus e caminhões. As **ruas** podem ter casas, prédios e lojas.

ruído (ru.í.do)

Ruído é qualquer barulho que uma coisa ou uma pessoa faz.

A minha máquina de lavar está fazendo muitos ruídos.

Ouvi ruídos na sala e fiquei com medo de ir até lá.

ruim (ru.im)

1 Uma coisa é **ruim** quando não gostamos dela ou quando ela faz muito mal a nós.

Mamãe diz que comer agrião é bom, mas eu acho seu sabor ruim.

Fumar é ruim para a saúde.

2 Uma coisa **ruim** tem defeitos, não funciona direito, está quebrada ou não está boa como deveria.

Maria não me ligou porque seu telefone está ruim.

O arroz ficou ruim porque queimou.

3 Uma pessoa **ruim** faz maldades e causa problemas para as outras pessoas.

ruivo (rui.vo)

Quem é **ruivo** tem os cabelos avermelhados.

A Raquel tem cabelos ruivos.

Ss

sabão (sa.bão) plural: sabões

Você usa **sabão** com água para lavar as coisas. Ele pode ser em pedaço, em pó ou líquido.

*Papai usou **sabão** em pó para lavar a roupa.*

saber (sa.ber)

Você **sabe** uma coisa quando aprendeu alguma coisa sobre ela ou já ouviu falar dela.

*Raquel **sabe** falar inglês.*
*Cauã já **sabe** que eu vou à festa.*

sabonete (sa.bo.ne.te)

Sabonete é um tipo de sabão que usamos para lavar as mãos e o corpo. Os **sabonetes** têm um cheirinho muito bom.

sabor (sa.bor)

Quando colocamos alguma coisa na boca, ficamos sabendo se ela é salgada, doce, amarga ou azeda porque sentimos seu **sabor**. Outra palavra para dizer isso é gosto.

*Este remédio tem um **sabor** ruim.*

saci (sa.ci)

Saci é um homenzinho negro, de uma perna só, que fuma cachimbo e usa um gorro vermelho. Ele é um personagem inventado pelo nosso povo.

sacudir (sa.cu.dir)

Sacudir é balançar rápido e com força uma coisa de um lado para o outro.

*Papai **sacudiu** o tapete para tirar a poeira.*

saia (sai.a)

Saia é um tipo de roupa que as meninas e as mulheres usam. A **saia** fica presa na cintura e cobre uma parte das pernas quando é curta ou as pernas inteiras se for comprida.

Ver ilustração na página 166.

saída (sa.í.da)

1 Saída é o lugar por onde se pode sair de algum lugar.

*A **saída** principal do parque estava fechada.*

2 Saída também é a hora em que você sai de um lugar.

*A **saída** da escola é às 12 horas.*

sair (sa.ir)

1 Sair é passar de dentro de um lugar para fora dele.

*O rato **saiu** do buraco.*

2 Quando você **sai** de um lugar onde está acontecendo alguma coisa, você vai embora.

*Ana **saiu** da aula mais cedo para ir ao médico.*

3 Sair também é ir a um lugar para passear, se divertir.

*Hoje à noite, vou **sair** com papai e mamãe.*

▶ Em 1 e 2, o contrário de **sair** é entrar.

sal plural: sais

Sal é um tipo de pó branco usado para temperar os alimentos. O **sal** é tirado da água do mar.

sala (sa.la)

1 Sala é um lugar da casa ou de um apartamento onde as pessoas recebem visitas, conversam e fazem refeições.

2 A **sala** de aula é o lugar da escola onde nós temos aula.

salada (sa.la.da)

Salada é uma comida fria feita com verduras e legumes.

saltar

saltar (sal.tar)

1 Saltar é o mesmo que pular.

O gato saltou do telhado.

2 Saltar também é sair de um carro ou de um ônibus quando eles chegam a algum lugar.

Os estudantes saltaram no ponto perto do museu.

sanduíche (san.du.í.che)

Sanduíche é uma comida feita com duas fatias de pão e, entre elas, algum alimento, como queijo, presunto e alface.

sangue (san.gue)

Sangue é um líquido vermelho que corre por dentro de nosso corpo e de alguns animais. Quando as pessoas se cortam, o líquido que sai é o **sangue**.

seco

sapato (sa.pa.to)

Os **sapatos** servem para proteger os pés. Eles quase sempre são feitos de couro e, na parte de baixo, têm uma sola.

🔍 Ver ilustração na página 166.

satisfeito (sa.tis.fei.to)

Quando você está **satisfeito**, está contente com alguma coisa.

A professora ficou satisfeita com as notas da prova.

saúde (sa.ú.de)

Você está com **saúde** quando se sente bem e não tem nenhuma doença.

seco (se.co)

1 Uma coisa está **seca** quando está sem água ou com pouca água.

Meu cabelo ficou seco bem rápido porque minha mãe passou a toalha nele.

2 As pessoas dizem que uma planta está **seca** quando ela está murcha.

O jardineiro retirou as folhas secas da planta.

▶ Nesta palavra, a letra **e** tem o som de **ê**.

sede

sede (se.de)

Uma pessoa está com **sede** quando sente vontade de tomar água ou outro líquido.

Tomei um copo de água porque estava com muita sede.

▶ Nesta palavra, a letra **e** tem o som de **ê**.

segredo (se.gre.do)

Segredo é uma coisa que você sabe, mas não pode contar para ninguém.

Ninguém sabia qual era o segredo que ela guardava na caixa.

seguir (se.guir)

1 Se você **segue** uma pessoa, você vai atrás dela.

O cachorro seguia o seu dono na rua.

2 Se você **segue** por um caminho, você vai a algum lugar andando por ele.

Para ir à farmácia, siga por esta calçada.

sentar

segurar (se.gu.rar)

1 Segurar uma coisa é ficar com ela nas mãos.

O torcedor segurava uma bandeira.

2 Quando você desce as escadas, você se **segura** no corrimão para não cair.

selva (sel.va)

Selva é o mesmo que floresta.

semana (se.ma.na)

Uma **semana** tem sete dias. Ela começa no domingo e termina no sábado.

🔍 Ver quadro na página 187.

semente (se.men.te)

Semente é um carocinho que, geralmente, fica dentro de um fruto ou de uma flor. Quando uma **semente** é colocada na terra, nasce uma nova planta.

sentar (sen.tar)

Sentar é apoiar o bumbum em cima de alguma coisa.

O menino sentou no colo da mãe para olhar as figuras do livro.

sentimento (sen.ti.men.to)

Sentimento é o que a gente sente quando vê, ouve, lê ou lembra alguma coisa. Alegria, medo, tristeza, amor e raiva são alguns tipos de **sentimentos**.

sentir (sen.tir)

1 As pessoas **sentem** cheiros com o nariz, gostos com a boca, formas com as mãos e os olhos, e barulhos com os ouvidos.

2 Sentimento é o que estamos **sentindo**.

Assisti ontem a um filme que me fez sentir medo.

separar (se.pa.rar)

Quando você arruma os brinquedos e coloca os bonecos de um lado e os jogos do outro, você **separa** os bonecos dos jogos.

sério (sé.rio)

1 Uma pessoa que ri pouco é **séria**.

Meu tio é muito sério, ele nunca ri.

2 As coisas muito importantes ou perigosas são coisas **sérias**.

Um motorista da escola está com um problema sério, porque quebrou um braço e não pode dirigir.

3 Uma pessoa **séria** cumpre com as suas obrigações e tenta fazer tudo do jeito certo.

Acredito no que diz o meu professor porque ele é uma pessoa séria.

servir (ser.vir)

1 Servir uma comida ou bebida para uma pessoa é pôr essa comida ou bebida à frente dela.

2 Uma coisa **serve** para fazer algo quando ela pode ser usada para isso.

Esse livro serve para fazer o trabalho de História.

3 Se uma roupa **serve** em você, é porque ela cabe direitinho no seu corpo.

O Edu cresceu muito e a calça não serve mais nele.

shorts

Shorts é uma bermuda curta.

▶ **Shorts** é uma palavra inglesa e se fala assim: xórts.

🔍 Ver ilustração na página 166.

show

Show é uma apresentação de música, de dança ou de alguma coisa para a gente se divertir.

▶ **Show** é uma palavra inglesa e se fala assim: xou.

sílaba (**sí**.la.ba)

Sílaba é parte de uma palavra que se fala de uma vez só. A palavra pai tem uma **sílaba**; mamãe tem duas: ma e mãe.

MAMÃE ➡ MA-MÃE

CADERNO ➡ CA-DER-NO

silêncio (si.**lên**.cio)

Há **silêncio** quando ninguém está fazendo barulho, nem falando, nem tocando música.

*O médico pediu **silêncio** no hospital.*

simples (**sim**.ples)

1 Uma coisa **simples** é fácil de entender ou fazer.

*Esse bolo é delicioso e bem **simples** de fazer.*

2 Uma coisa é **simples** se não tem luxo nem enfeites.

*A aniversariante estava com um vestido bem **simples**.*

skate

Skate é um pedaço de madeira ou outro material com quatro rodinhas. As pessoas que usam o **skate** se equilibram sobre ele para ir de um lugar a outro ou para se divertir, fazendo saltos, manobras e muitos outros movimentos.

▶ **Skate** é uma palavra inglesa e se fala assim: esquêite.

137

só

Você está **só** quando não está com mais ninguém.

Todo mundo saiu e a professora ficou só.

▸ **Só** é o mesmo que sozinho.

sobrar (so.**brar**)

Quando alguma coisa **sobra**, é porque você não precisou usar tudo o que tinha.

Ainda sobrou um pouco de tinta para pintar mais uma parede.

Comprei um lanche na escola e vou guardar no cofrinho o dinheiro que sobrou.

sobremesa (so.bre.**me**.sa)

Sobremesa é uma fruta, um doce ou um sorvete que comemos no final de uma refeição.

Mamãe fez salada de frutas para a sobremesa.

sobrenome (so.bre.**no**.me)

O **sobrenome** de uma pessoa vem sempre depois do nome dela. Por exemplo, Eduardo Sousa é um nome completo: Eduardo é o nome, e Sousa é o **sobrenome**. As pessoas de uma mesma família têm o **sobrenome** igual.

sobrinho (so.**bri**.nho)

O filho do meu irmão ou da minha irmã é meu **sobrinho**. Se for uma menina, ela é **sobrinha**.

soco (so.co)

Soco é uma pancada bem forte que se dá com a mão fechada.

socorro (so.**cor**.ro)

1 Socorro é uma ajuda que se dá a alguém que está em perigo.

2 Se uma pessoa está em perigo e precisa que alguém a ajude, ela grita: "**socorro!**".

sofá (so.**fá**)

Sofá é um móvel com encosto que serve para duas ou mais pessoas sentarem.

sofrer (so.**frer**)

Uma pessoa **sofre** quando sente dor ou quando está triste.

A diretora está sofrendo muito de dor nas costas.

sol

sol plural: sóis

1 Sol é a estrela que ilumina e aquece o planeta onde a gente vive. O **Sol** brilha no céu durante o dia.

2 A gente também chama de **sol** a luz e o calor que vêm do **Sol**.

*Ponha o boné para se proteger do **sol**.*

sola (so.la)

1 Sola do pé é a parte de baixo do nosso pé.

🔍 Ver ilustração na página 164.

2 Sola também é a parte de baixo dos sapatos.

soletrar (so.le.trar)

Soletrar é dizer cada uma das letras de uma palavra.

*Akira **soletrou** seu nome: A, K, I, R, A.*

sólido (só.li.do)

Uma coisa **sólida** é bem dura e difícil de quebrar.

*A mesa da sala é bem **sólida**, foi feita com madeira.*

soltar (sol.tar)

1 Soltar é deixar livre uma pessoa ou animal que estava preso.

*Papai **soltou** os cachorros no jardim.*

2 A gente também **solta** uma coisa que está amarrada ou presa.

*Maria **soltou** os cabelos.*

som

Som é tudo aquilo que a gente escuta.

somar (so.mar)

1 Somar é juntar uma coisa a outra.

2 Somar é juntar dois ou mais números para chegar a um novo número.

*Se você **somar** dois mais dois, o resultado será quatro.*

sombra (som.bra)

1 Se você fica na frente de uma luz, você faz com o corpo uma figura escura que se chama **sombra**.

2 Os lugares onde não bate sol ficam na **sombra**.

*Minha mãe mandou a gente ficar brincando na **sombra**.*

sonho

sonho (so.nho)

1 Sonho são as imagens que a gente vê quando está dormindo.

2 Sonho é também aquilo que a gente quer muito e espera ter um dia.

O maior sonho da minha irmã é ganhar uma bicicleta.

sono (so.no)

Sono é uma vontade enorme de fechar os olhos e dormir.

sopa (so.pa)

Sopa é um caldo quente que pode ser feito com verduras, carne e legumes bem cozidos.

soprar (so.prar)

Quando você solta o ar pela boca com força, você está **soprando**.

Meu irmãozinho adora soprar as velas dos bolos de aniversário.

▶ **Soprar** é o mesmo que assoprar.

sozinho

sorrir (sor.rir)

Sorrir é rir sem som. **Sorrir** é a cara que as pessoas fazem no momento em que ficam felizes.

sorte (sor.te)

1 Quando uma coisa boa acontece sem a gente esperar, dizem que é **sorte**.

Tive a maior sorte de encontrar com você no caminho.

2 Uma pessoa que sempre consegue o que quer tem muita **sorte**.

sorvete (sor.ve.te)

Sorvete é um alimento doce, congelado. Pode ser feito com suco de frutas, leite ou cremes.

sozinho (so.zi.nho)

1 Você está **sozinho** quando está sem outras pessoas por perto.

O irmão da Raquel já vai sozinho para a escola.

2 Quando você faz uma coisa **sozinho**, você não pede ajuda para ninguém.

Ana está fazendo um colar sozinha.

▶ **Sozinho** é o mesmo que só.

subir   supermercado

subir (su.bir)

1 Subir é sair de um lugar mais baixo para um lugar mais alto.

*O elevador **subiu** cheio de gente.*

2 Subir também é colocar uma coisa em um lugar mais alto.

*Mamãe pediu para o papai **subir** o quadro um pouquinho.*

3 Uma coisa **sobe** quando aumenta a medida ou o valor.

*O preço do brinquedo que eu queria **subiu** de ontem para hoje.*

*A temperatura de Maria **subiu** muito.*

▶ O contrário de **subir** é descer.

submarino (sub.ma.ri.no)

Submarino é um tipo de navio que anda debaixo da água do mar.

suco (su.co)

1 O **suco** de uma fruta é o líquido que está dentro dela e sai quando esprememos.

*Mamãe comprou umas laranjas com bastante **suco**.*

2 Também é **suco** a bebida feita de frutas ou de legumes espremidos ou batidos no liquidificador.

sujo (su.jo)

Uma coisa **suja** está com poeira, terra, tinta, manchas ou restos de comida.

*Depois do almoço, lavei os pratos **sujos**.*

▶ O contrário de **sujo** é limpo.

sumir (su.mir)

Sumir é desaparecer. Se alguma coisa **some**, a gente tem de procurar para achar.

*Minha borracha **sumiu**.*

suor (su.or)

Suor é um líquido que sai pela nossa pele quando estamos com calor. O **suor** ajuda a controlar a temperatura do corpo.

supermercado (su.per.mer.ca.do)

Supermercado é uma loja grande onde a gente pode comprar alimentos, produtos para limpar a casa e muitas outras coisas.

🔍 Ver ilustração na página 180.

141

surdo

surdo (sur.do)

Quem é **surdo** não ouve nada ou ouve muito pouco. As pessoas **surdas** costumam se comunicar com as outras por sinais que elas fazem com as mãos.

surpresa (sur.pre.sa)

Surpresa é um acontecimento que ninguém espera.

*Vamos fazer uma festa **surpresa** para a Raquel.*

susto (sus.to)

Susto é um medo que sentimos quando acontece alguma coisa que a gente não esperava. Quando você leva um **susto**, fica tremendo e com o coração batendo forte.

*O Cauã levou um **susto** quando a luz apagou.*

Tt

taba (ta.ba)
Taba é um conjunto de casas indígenas chamadas de ocas.

talher (ta.lher)
A gente usa o **talher** para comer, servir e preparar alimentos. Garfo, faca e colher são **talheres**.

tamanho (ta.ma.nho)
O **tamanho** de uma coisa indica sua altura, sua largura ou seu comprimento.

*Vamos medir o **tamanho** da sala.*

tampa (tam.pa)
Uma **tampa** serve para cobrir ou fechar alguma coisa. Panelas, garrafas e potes têm **tampa**.

*Minha avó sempre põe a **tampa** no pote de balas para não entrar formigas.*

tanque (tan.que)
1 Tanque é um lugar grande onde se guardam líquidos, por exemplo, água ou gasolina.

*O carro está com meio **tanque** de gasolina.*

2 Tanque é também um tipo de pia grande onde se lavam roupas.

143

tapa — telefone

tapa (ta.pa)

Tapa é uma batida que se dá com a mão aberta.

*Precisei dar um **tapinha** nas costas do meu amigo para ele olhar para trás.*

tapete (ta.pe.te)

Um **tapete** serve para proteger ou enfeitar o chão. Os **tapetes** costumam ser feitos de fios de lã ou de linha.

tarde (tar.de)

1 Tarde é uma parte do dia entre o meio-dia e a noite.

2 Tarde também quer dizer depois da hora combinada ou do horário em que uma coisa deveria acontecer.

*Hoje vou dormir mais **tarde**.*

▶ O contrário de **tarde** é cedo.

🔍 Ver ilustração na página 184 e quadro na página 187.

teatro (te.a.tro)

Teatro é um lugar onde são apresentados peças ou *shows*. No **teatro** há um palco e muitas filas de cadeiras, onde ficam as pessoas que foram assistir.

teimoso (tei.mo.so)

1 Quem é **teimoso** não muda de ideia nunca e não aceita ordens.

2 Uma pessoa **teimosa** não desiste facilmente das coisas.

*Meu amigo é **teimoso**, quer jogar futebol mesmo quando está chovendo.*

telefone (te.le.fo.ne)

Telefone é um aparelho que usamos para falar com quem está em outro lugar, às vezes muito longe. O **telefone** fixo precisa de um fio ligado à parede para funcionar. O **telefone** celular não precisa, por isso ele pode ser levado para qualquer lugar.

telescópio

telescópio (te.les.**có**.pio)

Telescópio é um tubo comprido com lentes e espelhos que deixam a gente ver as coisas que estão muito longe como se estivessem pertinho.

*Meu pai tem um **telescópio** para ver a Lua e as estrelas no céu.*

televisão (te.le.vi.**são**)

plural: televisões

Televisão é um aparelho em que podemos ver imagens e ouvir sons que vêm de muito longe. Na **televisão**, assistimos a filmes, desenhos animados, *shows*, novelas e noticiários. Também chamamos a **televisão** só de TV.

terminar

telhado (te.**lha**.do)

Um **telhado** é feito de telhas e serve para proteger uma casa ou um edifício das chuvas, do calor e do frio.

tempestade (tem.pes.**ta**.de)

Tempestade é uma chuva muito forte e com muito vento. Uma **tempestade** também pode ter raios e trovões.

tênis (**tê**.nis)

1 Tênis é um tipo de sapato fechado que tem sola de borracha.

🔍 Ver ilustração na página 166.

2 Tênis é também um esporte jogado em uma quadra dividida por uma rede baixa. Os jogadores, que ficam em lados contrários, devem devolver com uma raquete a bolinha atirada para eles.

terminar (ter.mi.**nar**)

Quando você **termina** uma coisa, você chega ao fim dessa coisa ou faz a última parte dela.

*Cauã **terminou** a pesquisa da escola.*

*Meu irmão vai **terminar** o curso no meio do ano.*

termômetro (ter.mô.me.tro)

O **termômetro** é usado para medir a temperatura de uma pessoa ou de um lugar.

*O **termômetro** da varanda marcou 38 graus!*

terra (ter.ra)

1 O nome do planeta onde vivemos é **Terra**. Esse nome deve ser escrito com a letra T maiúscula.

2 Terra é também a parte do planeta que não é coberta por água. É na **terra** que as árvores são plantadas e crescem.

tesoura (te.sou.ra)

Você usa a **tesoura** para cortar coisas, como papel ou pano. A **tesoura** tem duas lâminas que se cruzam e se movimentam para cima e para baixo.

tesouro (te.sou.ro)

Tesouro é um monte de coisas de muito valor, como dinheiro e joias.

teto (te.to)

1 Teto é o que cobre uma sala, um quarto, uma cozinha ou um banheiro. O **teto** costuma ficar apoiado sobre paredes.

2 Quando alguém diz que não tem um **teto** para morar, está dizendo que não tem uma casa para morar.

tia (ti.a)

A irmã da sua mãe ou do seu pai é sua **tia**.

▶ **Tia** é o mesmo que titia.

time (ti.me)

Time é um grupo de pessoas que jogam juntas contra outro grupo.

*Edu faz parte do **time** de futebol da escola.*

tímido (tí.mi.do)

Uma pessoa **tímida** tem muita vergonha.

*Cauã é **tímido**, não gosta quando pedem para ele cantar.*

tinta (tin.ta)

Tinta é um líquido que se usa para pintar quadros, paredes e outras coisas. Existem tintas de várias cores.

tio (ti.o)

O irmão da sua mãe ou do seu pai é seu tio.

▶ Tio é o mesmo que titio.

tirar (ti.rar)

Tirar uma coisa de um lugar é pegar essa coisa e colocar em outro lugar.

O professor tirou os livros da estante e colocou na mesa para os alunos estudarem.

titia (ti.ti.a)

Titia é um outro jeito de dizer tia.

titio (ti.ti.o)

Titio é um outro jeito de dizer tio.

toalha (to.a.lha)

1 Uma toalha serve para cobrir ou enfeitar uma mesa. As toalhas costumam ser de pano ou de plástico.

2 Toalha também é um pano macio que usamos para enxugar o corpo.

tocar (to.car)

1 Quando você toca em uma coisa ou em uma pessoa, você encosta nela.

Não toque nas plantas.

2 Tocar um instrumento é fazer música com ele.

Edu toca violão muito bem.

3 Quando a campainha ou o telefone tocam, eles fazem um som para chamar sua atenção.

A campainha tocou, e as crianças foram correndo abrir a porta.

tomar (to.mar)

1 Quando você toma um suco, uma sopa ou um remédio, você os coloca na boca e engole.

2 Tomar uma coisa de uma pessoa é pegar essa coisa e ficar com ela.

A professora tomou o caderno da mão da Maria.

tombo (tom.bo)

Quando uma pessoa cai no chão, ela leva um tombo.

torcedor (tor.ce.dor)

Torcedor é a pessoa que apoia e acompanha um time, um clube ou um atleta e quer muito que ele consiga um bom resultado.

torneira

torneira (tor.**nei**.ra)

Uma **torneira** funciona como se fosse uma chave que abre ou fecha a passagem da água ou do gás.

*A minha avó não fechou a **torneira** da pia direito.*

torto (**tor**.to)

Quando uma coisa está **torta**, ela está com um lado mais alto do que o outro.

*O quadro ficou **torto** na parede.*

trabalho (tra.**ba**.lho)

1 Trabalho é uma atividade que uma pessoa faz e recebe dinheiro por ela.

*O **trabalho** do vovô é vender frutas na feira.*

2 Trabalho é o lugar onde as pessoas trabalham.

*O **trabalho** do pai do Akira fica no centro da cidade.*

transparente (trans.pa.**ren**.te)

Se uma coisa é **transparente**, você pode olhar através dela e ver do outro lado. A água limpa é **transparente**.

trazer

transporte (trans.**por**.te)

Carros, ônibus, trens, aviões, bicicletas, navios servem para levar pessoas e coisas de um lugar para outro. Eles são meios de **transportes**.

tratar (tra.**tar**)

1 Quando você está doente, o médico **trata** de você para que fique bom.

2 Tratar é também o jeito de você se dar com as pessoas. Se você é legal com elas, você as **trata** bem.

*Maria **trata** a todos com muita educação.*

trator (tra.**tor**)

Trator é uma máquina que tem um motor muito forte e rodas pesadas e grandes. Os **tratores** são usados para puxar coisas pesadas em terreno esburacado. O **trator** é muito útil nas fazendas.

trazer (tra.**zer**)

Trazer alguém ou alguma coisa quer dizer levar junto essa pessoa ou coisa para o lugar aonde se vai.

*Você pode **trazer** o primo do Edu para a festa amanhã?*

*O ônibus escolar **trouxe** as crianças mais tarde por causa da chuva.*

treinar

treinar (trei.nar)

Quando você faz alguma coisa muitas vezes ou muitas horas por dia, para fazer cada vez melhor, você está **treinando**.

trem

Trem é uma fila de muitos vagões presos uns nos outros e puxados por uma máquina chamada locomotiva. Ele serve para levar pessoas e coisas de um lugar para outro.

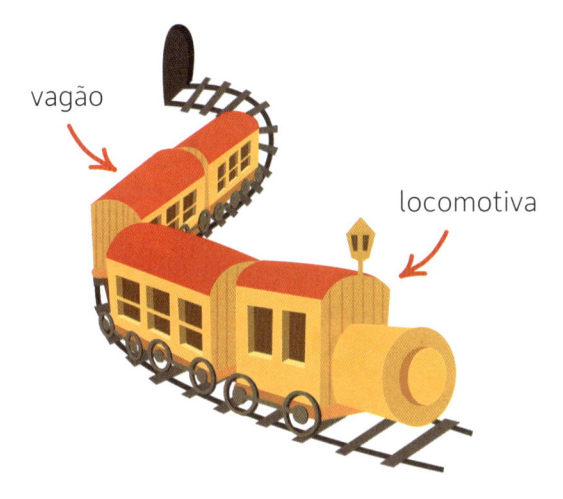

vagão

locomotiva

tremer (tre.mer)

Quando seu corpo fica se mexendo sozinho por causa do frio, de febre ou de medo, você está **tremendo**.

Ana estava tão nervosa que suas pernas tremiam.

tribo (tri.bo)

Tribo é um grupo de indígenas que ocupa um mesmo lugar, fala a mesma língua e tem os mesmos costumes.

Muitas tribos indígenas já moravam no Brasil antes de os portugueses chegarem.

tropeçar

triste (tris.te)

Se uma pessoa está **triste**, ela não está contente, está desanimada, sem vontade de sorrir. Um filme ou um livro **triste** faz a gente se sentir assim também.

▶ O contrário de **triste** é alegre.

tromba (trom.ba)

O nariz bem comprido do elefante se chama **tromba**. Os elefantes também usam a **tromba** para levar alimento e água até a boca e para pegar coisas.

tropeçar (tro.pe.çar)

As pessoas **tropeçam** quando batem o pé em alguma coisa.

Maria tropeçou em uma pedra e quase caiu no chão.

trovão

trovão (**tro.vão**) plural: trovões

Trovão é o barulho que ouvimos depois que um relâmpago aparece no céu.

truque (**tru.que**)

Truque é o que os mágicos fazem para a gente acreditar que as mágicas são de verdade.

túnel (**tú.nel**) plural: túneis

Túnel é um buraco comprido feito no chão ou por dentro de uma montanha, por onde passam pessoas, carros, ônibus, trens e vários meios de transporte.

turma

turma (**tur.ma**)

1 Turma é um grupo de alunos da mesma escola que estudam juntos.

*A **turma** da Raquel estuda na sala ao lado da minha.*

2 Um grupo de amigos também é uma **turma**.

*Ana gosta de encontrar com a **turma** para jogar bola.*

150

Uu

último (úl.ti.mo)

1 Quando uma coisa é a **última**, ela está lá no final e depois dela não existe mais nada. Se você é o **último** da fila, ninguém mais está atrás de você.

2 Último também é uma coisa bem nova.
O meu pai está vendo as últimas notícias na televisão.

união (u.ni.ão) plural: uniões

1 União é quando duas ou mais coisas se juntam.

2 Se há **união** entre você e seus colegas, vocês se dão bem e se ajudam.

urgente (ur.gen.te)

Uma coisa é **urgente** quando precisa ser feita com muita pressa.

usar (u.sar)

1 Usar é fazer alguma coisa com o que você pegou.
Samuel usou o lápis de cor para colorir seus desenhos.

2 Você diz que está **usando** uma roupa quando está vestido com ela.
Ontem à noite Ana estava usando um vestido verde.

útil (ú.til) plural: úteis

O que é **útil** serve para alguma coisa.
Esse casaco vai ser muito útil no inverno.

Vv

vacina (va.ci.na)

As **vacinas** protegem as pessoas e os animais de algumas doenças. A maioria das **vacinas** deve ser tomada por crianças.

valente (va.len.te)

Uma pessoa **valente** tem coragem para fazer o que é perigoso ou difícil.

*É preciso ser **valente** para agarrar um cão bravo.*

valer (va.ler)

1 Se uma coisa **vale**, ela é importante ou útil.

*Um abraço de amigo **vale** muito.*

2 Se uma coisa **vale** dez reais, quer dizer que ela pode ser comprada por esse preço.

*Esse brinquedo **vale** 50 reais.*

van

Van é um tipo de carro grande, em que cabem de 8 a 16 pessoas.

*Nós vamos para a escola de **van**.*

▶ ***Van*** é uma palavra inglesa e se fala assim: vã.

vários (vá.ri.os)

Vários quer dizer muitos. Se existem **várias** coisas dentro de uma gaveta, é porque existem muitas coisas dentro dela.

*Akira tem **vários** lápis de cor.*

*Minha mãe foi ao supermercado e comprou **várias** coisas.*

vaso

vaso (va.so)

1 Nos **vasos** a gente põe água e flores.

Coloquei um vaso com flores na sala.

2 Em outro tipo de **vaso**, podemos colocar terra e plantar flores, temperos e folhagens.

Na minha casa, temos salsinha e hortelã plantadas em vasos.

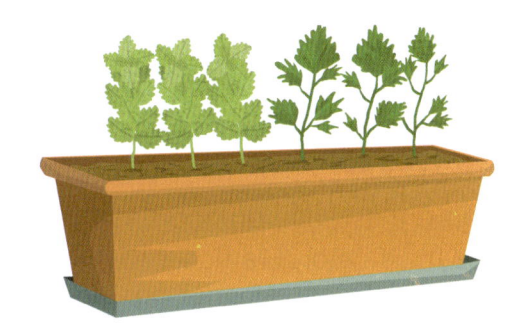

3 O **vaso** sanitário fica no banheiro e é onde a gente faz xixi e cocô.

vassoura (vas.sou.ra)

Vassoura é uma escova com um cabo comprido. A gente usa a **vassoura** para limpar a sujeira do chão.

vazio (va.zi.o)

1 Uma coisa **vazia** é uma coisa sem nada dentro.

A caixa de bombons estava vazia.

2 Quando as pessoas dizem que um lugar está **vazio,** quer dizer que não tem ninguém nele ou tem poucas pessoas.

Hoje cedo, as ruas estavam vazias.

velho

vegetal (ve.ge.tal) plural: vegetais

Vegetal é a mesma coisa que planta. Flores, árvores e legumes são **vegetais**.

vela (ve.la)

1 Vela é um pedaço de cera com um pavio no meio, no qual a gente põe fogo para iluminar algum lugar. Existem também **velas** que são colocadas em bolos de aniversário e outras que servem para decoração.

Outro dia acabou a luz em casa e precisamos acender algumas velas para poder enxergar as coisas.

2 Vela é também um pano grande que fica preso em alguns barcos. Quando o vento bate nessa **vela**, o barco se move.

O barco corre na água quando o vento bate na vela.

velho (ve.lho)

1 Velhos são pessoas que nasceram há muito tempo.

2 As coisas **velhas** foram feitas ou são usadas há muito tempo.

vencer (ven.cer)

Vencer é conseguir o melhor resultado num jogo, numa corrida, numa partida.

O nosso time venceu a partida de futebol.

▶ **Vencer** é o mesmo que ganhar.

vender (ven.der)

Vender é dar a uma pessoa alguma coisa e receber dinheiro em troca.

O artista vendeu dois quadros e recebeu muito dinheiro por eles.

ventilador (ven.ti.la.dor)

Ventilador é um aparelho que faz o ar se movimentar e serve para deixar os lugares mais frescos.

Estava muito calor e resolvemos ligar o ventilador para fazer um ventinho.

vento (ven.to)

Vento é o ar se movendo. Ele pode se movimentar com muita ou pouca velocidade.

O vento estava tão forte que o chapéu voou da minha cabeça.

ver

1 Quando você **vê** uma coisa, seus olhos percebem essa coisa.

Vi a luz do seu quarto acesa.

2 Se você vai **ver** alguém, você vai encontrar essa pessoa.

Vou ver seu primo hoje à noite.

verão (ve.rão) plural: verões

O **verão** é a estação do ano em que faz mais calor. Ele fica entre a primavera e o outono.

verdade (ver.da.de)

Quando você fala a **verdade**, você não mente, não esconde e não inventa nada. A **verdade** é o que realmente aconteceu.

Ana contou a verdade para o irmão.

▶ O contrário de **verdade** é mentira.

verdura (ver.du.ra)

Verduras são plantas que têm folhas e flores que podem ser comidas.

Alface, couve, espinafre e brócolis são verduras.

🔍 Ver ilustração na página 180.

vestido (ves.ti.do)

Vestido é uma roupa que as meninas e as mulheres usam. Ele vai dos ombros até as pernas.

🔍 Ver ilustração na página 166.

vestir (ves.tir)

Vestir uma roupa é pôr essa roupa no corpo.

*Raquel está **vestindo** hoje um casaco azul.*

vez

1 Usamos a palavra **vez** para mostrar o momento em que uma coisa aconteceu ou em quantos momentos ela aconteceu.

*O bolo ficou mais gostoso desta **vez**.*

*Cauã perguntou duas **vezes** se podia ir à casa do amigo.*

2 Quando alguém diz que é a sua **vez**, é porque você tem que fazer ou já pode fazer alguma coisa.

*A professora disse que é a minha **vez** de contar uma história.*

*Ainda não é a minha **vez** de brincar com a bola nova.*

3 **Às vezes** quer dizer que não é sempre que a gente faz alguma coisa.

*Só **às vezes** eu vou ao estádio com meu pai.*

viagem (vi.a.gem)

Quando você faz uma **viagem**, você vai do lugar em que está para outro mais longe.

*Papai fez uma **viagem** à Argentina.*

vidraça (vi.dra.ça)

Vidraça é o vidro das janelas.

*Maria deu um chute na bola e quebrou a **vidraça** da vizinha.*

vidro (vi.dro)

1 **Vidro** é um material duro, mas fácil de ser quebrado.

*A garrafa de **vidro** caiu no chão e quebrou.*

2 Também chamamos de **vidro** os objetos feitos de **vidro** que usamos para pôr ou guardar coisas.

*Mamãe pegou o **vidro** de azeitonas no armário da cozinha.*

vila (vi.la)

Vila é um conjunto de casas parecidas construídas em uma rua pequena e, geralmente, sem saída.

vir

1 Vir é chegar de outro lugar.

*O professor **veio** de Minas Gerais para São Paulo.*

2 Se você **veio** a algum lugar, quer dizer que você está nesse lugar.

*Todos os convidados **vieram** para a festa.*

▶ O contrário de **vir** é ir.

virar (vi.rar)

1 Quando você **vira** uma coisa, você a move para um lado ou para o outro.

*Cauã **virou** a bicicleta para o outro lado.*

2 Quando uma coisa **vira** outra, ela se torna essa outra coisa.

*Meu sobrinho cresceu e **virou** um belo rapaz.*

visitar (vi.si.tar)

Se você **visita** alguém, você vai até a casa dessa pessoa para vê-la e para conversar com ela.

*Fomos **visitar** a vovó no domingo.*

vista (vis.ta)

1 Vista é outro jeito de dizer olho.

*Ana caiu e machucou a **vista**.*

2 Vista também é uma paisagem que se vê.

*A **vista** da janela do meu quarto é muito bonita.*

viver (vi.ver)

1 Viver quer dizer estar vivo, ter vida.

*Os dinossauros **viveram** na Terra há muito tempo.*

2 Viver em algum lugar é a mesma coisa que morar nesse lugar.

*Os tios da Maria **vivem** no Paraná.*

vivo (vi.vo)

Se um animal ou uma pessoa têm vida, é porque eles estão **vivos**.

vizinho (vi.zi.nho)

Vizinho é uma pessoa que mora no seu prédio, na sua rua ou perto de você.

156

voar (vo.ar)

Voar é se mover no ar, sem encostar no chão. Pássaros e insetos **voam** com suas asas. Aviões, helicópteros e pipas também podem **voar**.

vogal (vo.gal) plural: vogais

O nosso alfabeto tem seis **vogais**: a, e, i, o, u, y.

vôlei ou voleibol (vô.lei/vo.lei.bol)

Vôlei é um esporte em que atletas de dois times têm que jogar, sem deixar cair, uma bola de um lado para o outro de uma quadra dividida por uma rede.

voltar (vol.tar)

1 Quando você **volta**, você vai para o lugar de onde saiu.

Papai volta para casa depois do trabalho.

2 Quando você **volta**, pode estar indo para um lugar onde já tinha estado antes.

Nas férias, vamos voltar à praia de Copacabana.

3 Voltar também é chegar de **volta** de uma atividade ou de um lugar onde esteve.

Maria já voltou das férias.

4 Se uma coisa **volta** a acontecer, ela acontece de novo.

Choveu de manhã e, de tarde, voltou a chover.

vontade (von.ta.de)

1 Quando você quer alguma coisa ou quer fazer alguma coisa, você está com **vontade** daquilo.

Mamãe sempre teve vontade de voar de asa-delta.

2 Ficar **à vontade** é se sentir bem em um lugar e se comportar como se estivesse entre amigos.

voo (vo.o)

1 Quando algum objeto flutua no ar, como uma pipa ou uma asa-delta, isso é um **voo**.

2 Voo também é quando alguma coisa se move no céu com asas.

O voo das borboletas é muito bonito.

vovó (vo.vó)

Vovó é outro jeito de dizer avó.

vovô (vo.vô)

Vovô é outro jeito de dizer avô.

voz

O som que você produz quando fala ou canta é a sua **voz**.

vulcão (vul.cão) plural: vulcões

Um **vulcão** parece uma montanha com um buraco grande no alto. Às vezes, o **vulcão** solta fumaça, fogo, cinza e rocha derretida.

Ww

waffle

Waffle é uma massa fina feita com farinha e ovos e assada numa fôrma especial.

▶ **Waffle** é uma palavra inglesa e se fala assim: uófol.

web

Web é uma forma de comunicação entre computadores ligados pelo mundo todo.

▶ **Web** é uma palavra inglesa e se fala assim: uéb.

windsurfe (wind.**sur**.fe)

Windsurfe é um esporte em que se anda sobre as águas em uma prancha com uma vela. Quando o vento bate na vela, a prancha se movimenta.

▶ **Windsurfe** é uma palavra adaptada do inglês e se fala assim: uindsurfe.

Xx

xadrez (xa.drez)

1 Xadrez é o nome de um jogo para duas pessoas que acontece sobre um tabuleiro e imita uma batalha entre dois exércitos. A peça mais importante do jogo é o rei.

2 Xadrez é também um desenho com quadrados de duas cores um do lado do outro.

*Levamos uma toalha **xadrez** para o piquenique.*

xampu (xam.pu)

Xampu é um tipo de sabão líquido que se usa para lavar os cabelos.

xícara (xí.ca.ra)

Xícara é um tipo de copo com uma asa para a gente segurar. As **xícaras** servem para se tomar bebidas quentes, como chá, café e leite.

xixi (xi.xi)

Xixi é o líquido amarelado que sai do nosso corpo por um buraquinho. É o resto de tudo o que a gente bebeu e o corpo não aproveitou.

Yy

yakisoba

Yakisoba é uma comida japonesa feita com macarrão, verduras, legumes, carnes e camarões misturados.

▶ **Yakisoba** é uma palavra japonesa e se fala assim: iaquissôba.

Zz

zangado (zan.ga.do)

Uma pessoa **zangada** está muito brava porque não gostou de alguma coisa que aconteceu.

Maria ficou zangada com o amigo porque ele não quis brincar com ela.

zigue-zague (zi.gue-za.gue)

Zigue-zague é um caminho que vai para a esquerda e para a direita várias vezes fazendo um desenho que lembra a letra Z.

Cauã andou pela rua em zigue-zague.

zíper (zí.per)

Um **zíper** é feito de duas filas de ganchinhos parecidos com dentes que se juntam ou se separam quando são puxados por uma pecinha. O **zíper** abre e fecha e é usado em roupas, bolsas, mochilas.

Ana ganhou uma blusa com zíper.

zoológico (zo.o.ló.gi.co)

Zoológico é um lugar onde a gente pode ver animais de diferentes partes do mundo.

▶ **Zoológico** é o mesmo que jardim zoológico e zoo.

Páginas temáticas

Corpo humano

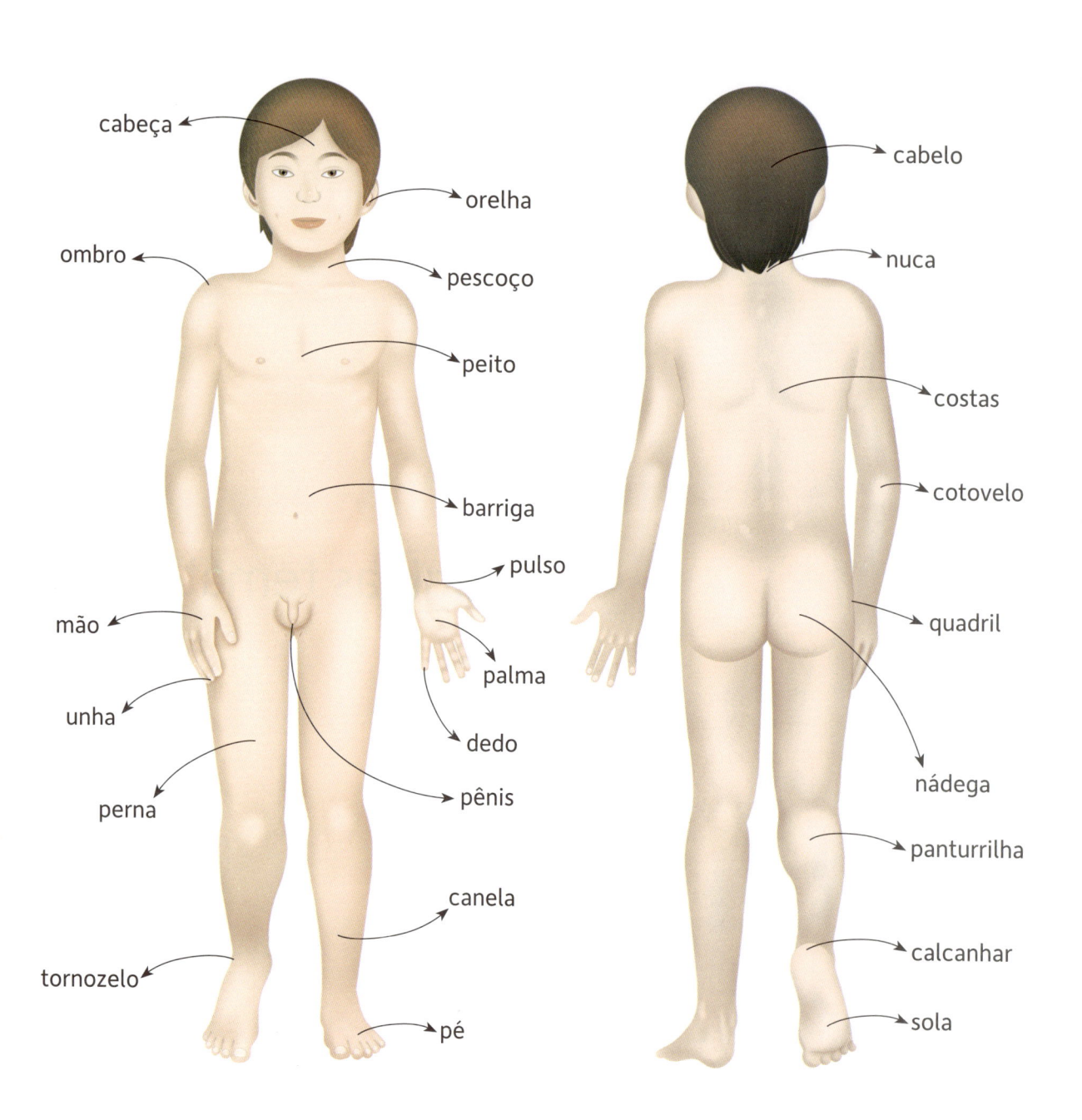

- cabeça
- cabelo
- orelha
- ombro
- pescoço
- nuca
- peito
- costas
- cotovelo
- barriga
- pulso
- mão
- quadril
- palma
- unha
- dedo
- pênis
- nádega
- perna
- panturrilha
- canela
- calcanhar
- tornozelo
- sola
- pé

Rosto

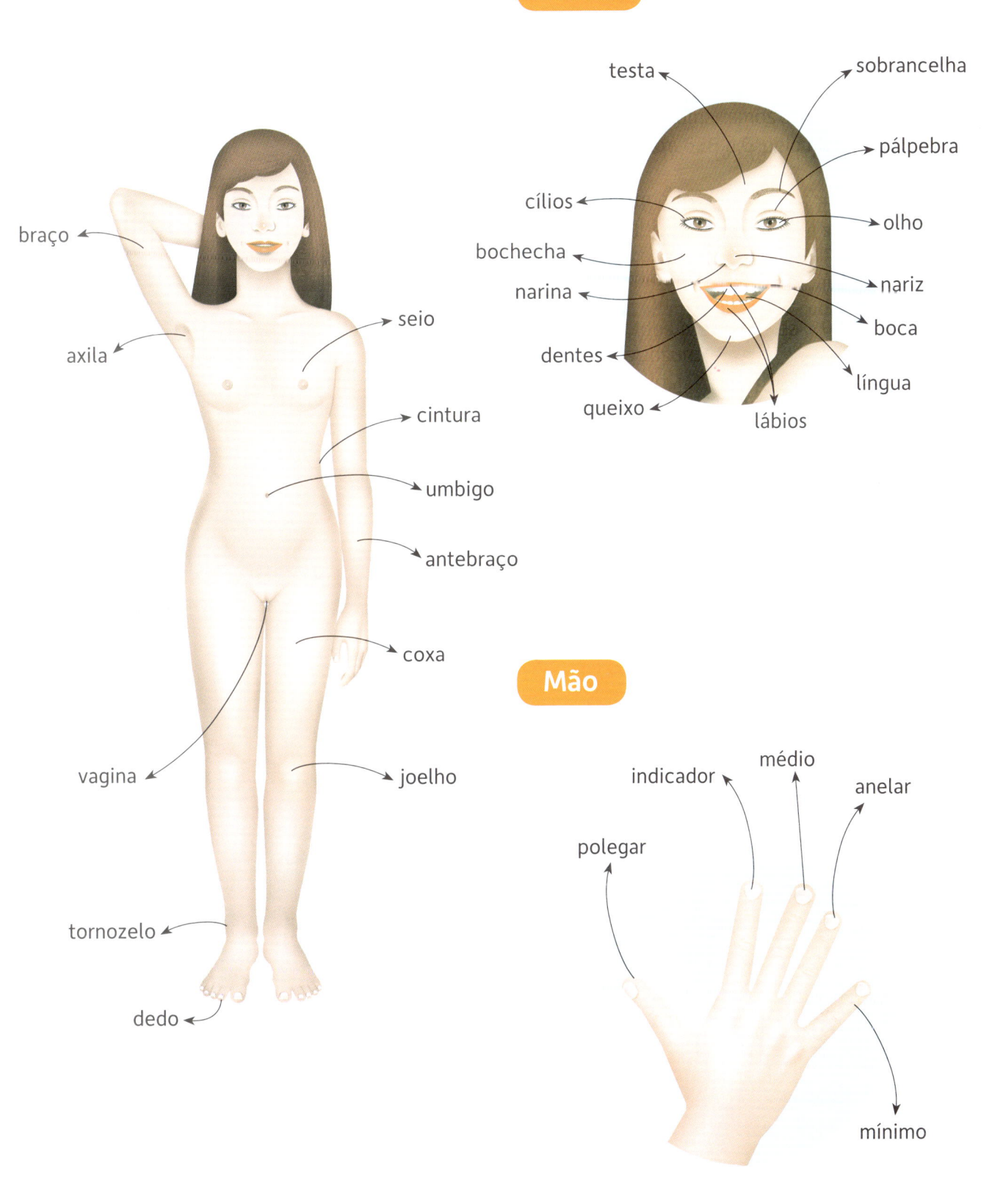

- testa
- sobrancelha
- pálpebra
- cílios
- olho
- bochecha
- nariz
- narina
- boca
- dentes
- língua
- queixo
- lábios

- braço
- axila
- seio
- cintura
- umbigo
- antebraço
- coxa
- vagina
- joelho
- tornozelo
- dedo

Mão

- polegar
- indicador
- médio
- anelar
- mínimo

Roupas e acessórios

- casaco
- vestido
- suéter
- tênis
- blusa
- gorro
- mala
- saia
- camisola
- sandália
- calcinha
- pulseira
- biquíni
- maiô
- cinto
- bota
- sapato

- camisa
- meia
- cinto
- cueca
- sunga
- tênis
- camiseta
- cadarço
- boné
- relógio de pulso
- pijama
- bermuda
- chinelo
- suéter
- casaco
- calça
- shorts
- sapato

Animais

Mamíferos

- vaca
- tamanduá-bandeira
- capivara
- girafa
- onça
- morcego
- anta
- mico-leão-dourado
- baleia
- leão
- lobo-guará
- elefante
- zebra

Aves

- arara
- tucano
- coruja
- beija-flor
- gavião
- pica-pau
- papagaio
- ema
- pavão
- galinha
- pombo

Animais

Répteis

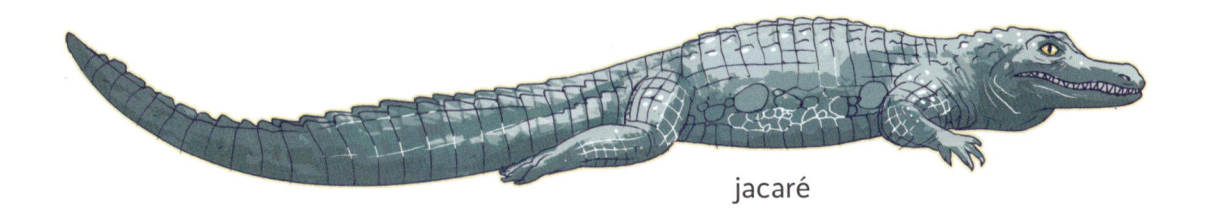

jacaré

cobra-coral

tartaruga

Anfíbios

sapo

salamandra

Insetos

joaninha

vaga-lume

abelha

formiga

grilo

louva-a-deus

gafanhoto

mosca

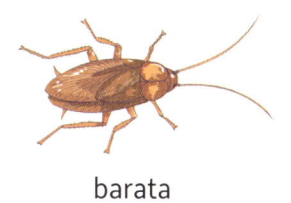

barata

Os animais não estão representados na mesma proporção.

Aracnídeos

aranha-caranguejeira

escorpião

171

Animais

Peixes

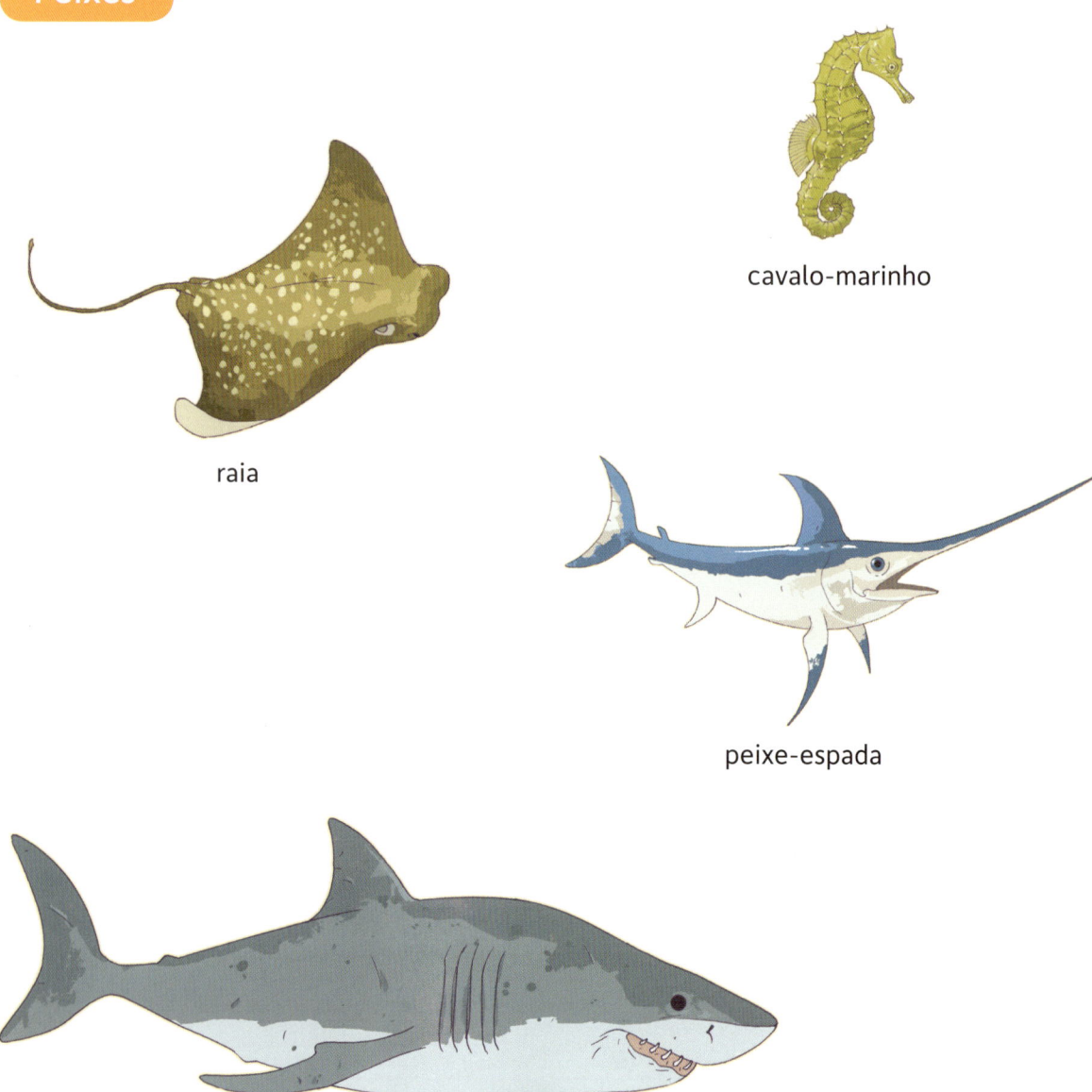

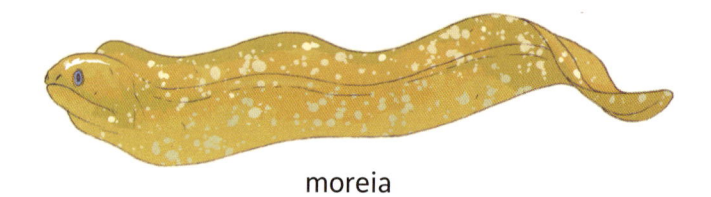

raia

cavalo-marinho

peixe-espada

tubarão

moreia

Os animais não estão representados na mesma proporção.

Crustáceos

caranguejo

camarão

lagosta

siri

Moluscos

ostra

caramujo

polvo

lula

Os animais não estão representados na mesma proporção.

173

Dinossauros

anquilossauro

velocirraptor

brontossauro

iguanodonte

tiranossauro

triceratope

ovirraptor

pterodáctilo

Dinossauros brasileiros

angaturama

antarctossauro

santanarraptor

abelissauro

175

Sala de aula

- relógio
- lousa
- apagador
- giz
- mochila
- caderno
- lancheira
- carteira
- tesoura
- cola

Aula de Arte

176

- quadro de avisos
- calendário
- mapa do Brasil
- estante
- globo terrestre
- pincel
- aquarela
- reco-reco
- chocalho
- peixe
- tambor
- livro
- triângulo
- aquário
- mesa
- cadeira
- computador
- lápis de cor
- estojo

Brinquedos e brincadeiras

bicicleta

balanço

escorregador

pega-pega

esconde-esconde

1, 2, 3...

gangorra

ioiô

bambolê

178

futebol

patins

pipa

peteca

amarelinha

corda

bolinhas de gude

skate

Supermercado

- carnes
- peixe
- frango
- pão
- bolo
- FRUTAS: maçã, pera, laranja, caqui, manga
- FRUTAS: mamão, figo, kiwi, melancia
- saco
- VERDURAS: brócolis, alface, agrião
- LEGUMES: tomate, mandioca, batata
- empacotador
- caixa
- caixa registradora
- balança
- carrinho de compras

180

- suco
- mel
- geleia
- biscoito
- chocolate
- ovos
- arroz
- aveia
- feijão
- manteiga
- leite
- iogurte
- queijo
- xampu
- escova de dentes
- toalha de papel
- sabonete
- pasta de dentes
- comida para gatos
- comida para cães
- cesto de compras

FRUTAS
- melão
- limão
- jabuticaba

FRUTAS
- banana
- uva
- cenoura
- milho

Circo

- acrobata
- trapezista
- corda bamba
- público
- contorcionista
- palhaço
- malabarista
- mágico
- perna de pau

Situações de localização espacial

livro no sentido **vertical**

livro no sentido **horizontal**

na **frente** do quadro

atrás da poltrona

Minha mochila está **aqui**!

em cima da almofada ou **sobre** a almofada

A minha está **lá**!

embaixo do gato ou **sob** o gato

dentro da caixa

fora da caixa

almofada **ao lado** do livro

183

Atividades do dia

MANHÃ

TARDE

NOITE

184

Formas geométricas e cores

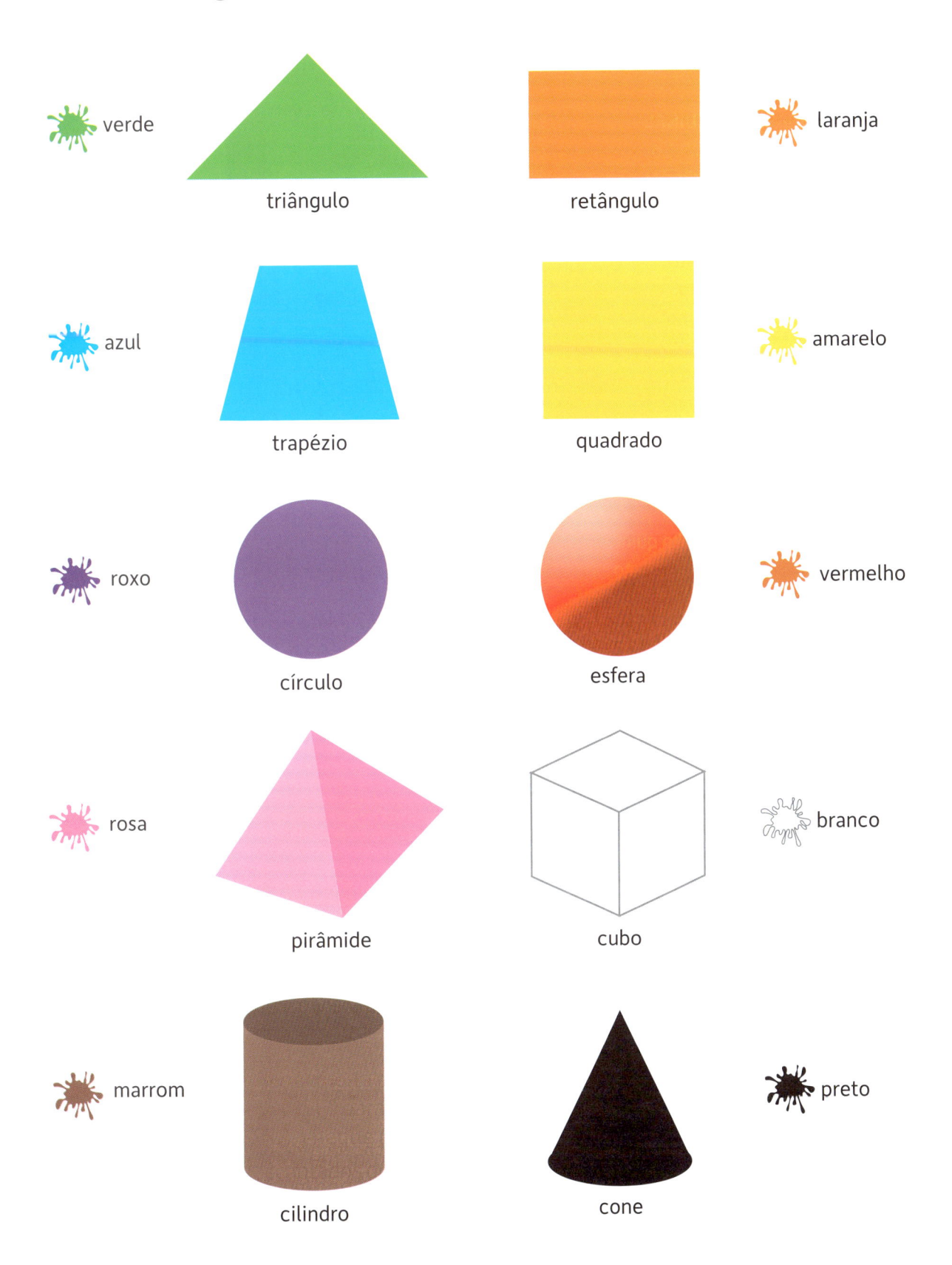

- verde — triângulo
- laranja — retângulo
- azul — trapézio
- amarelo — quadrado
- roxo — círculo
- vermelho — esfera
- rosa — pirâmide
- branco — cubo
- marrom — cilindro
- preto — cone

Numerais, acentos e sinais de pontuação

NUMERAIS

	CARDINAL	ORDINAL
1	um	primeiro
2	dois	segundo
3	três	terceiro
4	quatro	quarto
5	cinco	quinto
6	seis	sexto
7	sete	sétimo
8	oito	oitavo
9	nove	nono
10	dez	décimo
11	onze	décimo primeiro
12	doze	décimo segundo
13	treze	décimo terceiro
14	catorze	décimo quarto
15	quinze	décimo quinto
16	dezesseis	décimo sexto
17	dezessete	décimo sétimo
18	dezoito	décimo oitavo
19	dezenove	décimo nono
20	vinte	vigésimo
30	trinta	trigésimo
40	quarenta	quadragésimo
50	cinquenta	quinquagésimo
60	sessenta	sexagésimo
70	setenta	septuagésimo
80	oitenta	octogésimo
90	noventa	nonagésimo
100	cem	centésimo
200	duzentos	ducentésimo
300	trezentos	tricentésimo
400	quatrocentos	quadringentésimo
500	quinhentos	quingentésimo
600	seiscentos	seiscentésimo
700	setecentos	septingentésimo
800	oitocentos	octingentésimo
900	novecentos	noningentésimo
1.000	mil	milésimo

SINAIS DE PONTUAÇÃO

Ponto	.
Ponto de exclamação	!
Ponto de interrogação	?
Vírgula	,
Ponto e vírgula	;
Dois-pontos	:
Travessão	—
Reticências	...

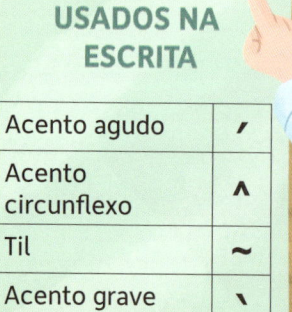

ACENTOS USADOS NA ESCRITA

Acento agudo	´
Acento circunflexo	^
Til	~
Acento grave	`

Dias, meses e ano

MESES DO ANO

JANEIRO — Primeiro mês do ano — 31 dias

FEVEREIRO — Segundo mês do ano — 28 dias (a cada quatro anos o mês de fevereiro tem 29 dias)

MARÇO — Terceiro mês do ano — 31 dias

ABRIL — Quarto mês do ano — 30 dias

MAIO — Quinto mês do ano — 31 dias

JUNHO — Sexto mês do ano — 30 dias

JULHO — Sétimo mês do ano — 31 dias

AGOSTO — Oitavo mês do ano — 31 dias

SETEMBRO — Nono mês do ano — 30 dias

OUTUBRO — Décimo mês do ano — 31 dias

NOVEMBRO — Décimo primeiro mês do ano — 30 dias

DEZEMBRO — Décimo segundo mês do ano — 31 dias

Dias da semana
- domingo
- segunda-feira
- terça-feira
- quarta-feira
- quinta-feira
- sexta-feira
- sábado

Partes do dia
- madrugada
- manhã
- meio-dia
- tarde
- noite
- meia-noite

Contagem do tempo
- 1 segundo
- 1 minuto = 60 segundos
- 1 hora = 60 minutos
- 1 dia = 24 horas
- 1 semana = 7 dias
- 1 mês = 30 dias
- 1 ano = 365 dias
- 1 década = 10 anos
- 1 século = 100 anos
- 1 milênio = 1000 anos

Relações de tempo
- ontem
- hoje
- amanhã

Adjetivos pátrios

Estados	Adjetivos pátrios	Capitais	Adjetivos pátrios
Acre	acriano	Rio Branco	rio-branquense
Alagoas	alagoano	Maceió	maceioense
Amapá	amapaense	Macapá	macapaense
Amazonas	amazonense	Manaus	manauara ou manauense
Bahia	baiano	Salvador	soteropolitano ou salvadorense
Ceará	cearense	Fortaleza	fortalezense
Distrito Federal		Brasília	brasiliense
Espírito Santo	espírito-santense ou capixaba	Vitória	vitoriense ou capixaba
Goiás	goiano	Goiânia	goianense
Maranhão	maranhense	São Luís	são-luisense ou ludovicense
Mato Grosso	mato-grossense	Cuiabá	cuiabano
Mato Grosso do Sul	mato-grossense-do-sul	Campo Grande	campo-grandense
Minas Gerais	mineiro	Belo Horizonte	belo-horizontino
Pará	paraense	Belém	belenense
Paraíba	paraibano	João Pessoa	pessoense
Paraná	paranaense	Curitiba	curitibano
Pernambuco	pernambucano	Recife	recifense
Piauí	piauiense	Teresina	teresinense
Rio de Janeiro	fluminense	Rio de Janeiro	carioca
Rio Grande do Norte	rio-grandense-do-norte ou potiguar	Natal	natalense
Rio Grande do Sul	rio-grandense-do-sul ou gaúcho	Porto Alegre	porto-alegrense
Rondônia	rondoniano	Porto Velho	porto-velhense
Roraima	roraimense	Boa Vista	boa-vistense
Santa Catarina	catarinense ou santa-catarinense	Florianópolis	florianopolitano
São Paulo	paulista	São Paulo	paulistano
Sergipe	sergipano	Aracaju	aracajuense ou aracajuano
Tocantins	tocantinense	Palmas	palmense

Estados e regiões do Brasil

189